DU MEME AUTEUR :

1° **L'Auvergne Volcanique ;** Bull. S. H. N. S., XIX, 1909. Chambéry.

(Extraits de la *Revue de Géographie Alpine* de l'Université de Grenoble ; Directeur : M. Raoul Blanchard ; Institut de Géog. Alp., Grenoble)

2° **Les Intempéries de l'année 1919 en Savoie et leurs répercussions agricoles et pastorales ;** 1920, 32 p. : 2 fr.

3° **L'Inondation du 24 septembre 1920 en Maurienne et dans les Alpes Occidentales ;** 1921, 51 p. 2 photos ; 3 fr.

4° **Le Recensement de 1921 en Savoie ;** t. IX, 1921 ; 24 p. : 2 fr. 50.

(*Extrait du même*, dans *la Géographie :* Bull. Soc. Géog. de Paris, 184, Boul. St-Germain ; t. 35, février 1921 : 10 croquis, 2 photos.)

5° **Les Avalanches de l'hiver 1922-1923 dans les Alpes du Nord ;** t. XI, 1923 ; avec photos : 3 fr. 50.

6° **Le Climat du 1er Semestre 1923 dans les Alpes du Nord ;** *Ibid.* 15 p. : 2 fr. 50.

7° **Les Avalanches de fin décembre 1923 en Savoie ;** t. XII, 28 p. 3 fr. 50.

8° **Albertville :** Etude de Géographie Urbaine ; t. IX, 1921 ; 184 p. 8 photos, 2 figures : 7 fr. 50.

---

9° **Le Château de Miolans** (St-Pierre-d'Albigny, Savoie) : le Site, l'Histoire, les Légendes. Chambéry, 1921, 64 p. 3 photos : 2 fr. 50.

10° **Les Morts de la Guerre en Savoie :** Préface de M. le Comte Léon Costa de Beauregard, Président de l'Association Savoyarde des Anciens Combattants ; 114 p. 2 figures. Chambéry, 1922 : 5 fr.

11° **Les Avalanches de la Combe de Savoie :** la « Géographie », 36 p. Paris, 1922.

12° **Val-d'Isère (1849 m.) et la Hte-Tarentaise ;** 120 p. 4 photos. Chambéry, 1922, 3 fr. 50.

13° **La Haute-Savoie** (aujourd'hui et) **il y a 100 ans** (très prochainement).

14° **La Savoie, il y a 100 ans** (Sous presse).

15° **Les Bauges** (Sous presse).

16° **Les Bauges, le Beaufortain :** Introd. aux « Alpes de Savoie : Massifs de Beaufort et des Bauges, » par M. le Commandant Emile Gaillard ; Chambéry, 1924.

17° **La Combe de Savoie** (en préparation).

# LE PETIT-SAINT-BERNARD

MENTHON-St-BERNARD (Hte-Savoie) : Le Château.

*(Cliché du Syndicat d'Initiative d'Annecy.)*

CHATEAU DE MIOLANS (Savoie).

*(Cliché du Syndicat d'Initiative de la Savoie.)*

Vers le P.-S. Bernard : La Vallée de Bourg-St-Maurice, l'Isère et la brèche du Col dans la chaîne frontière, entre Lancebranlette à gauche et le Mt Valaisan à droite.

*(Cliché du Syndicat d'Initiative de la Savoie.)*

Col du P. S. Bernard (versant français) :
La Statue monumentale et l'Hospice.
*(Cliché du Syndicat d'Initiative de la Savoie.)*

Le Col, la Route et l'Hospice du P.-S. Bernard
(vus du versant italien).
*(Cliché du Syndicat d'Initiative de la Savoie.)*

# Le Petit-Saint-Bernard

## Le « Mystère » -- Le Col
## Les Routes
## L'Hospice -- Les Voyageurs

F. GEX

LIBRAIRIE DARDEL
CHAMBÉRY

1924

Le plus haut degré de l'hospitalité est de se loger ès lieux périlleux, pour retirer, aider et servir les passans : en quoi excella ce grand saint Bernard de Menthon, originaire de ce diocèse, lequel, étant issu d'une famille fort illustre, habita plusieurs années entre les jougs et cimes de nos Alpes, y assembla plusieurs compagnons, pour attendre, loger, secourir, délivrer des dangers de la tourmente les voyageurs et passans, qui mouroient souvent entre les orages, les neiges et froidures, sans les hôpitaux que ce grand ami de Dieu établit et fonda ès deux monts, qui pour cela sont appelés de son nom : Grand-Saint-Bernard au diocèse de Sion, et Petit-Saint-Bernard en celui de Tarentaise.

St FRANÇOIS DE SALES *(Traité de l'Amour de Dieu*, liv. VIII, ch. IX).

# CHAPITRE PREMIER.

## « LE MYSTÈRE »

## ou la Vie merveilleuse de St Bernard [1].

Les 2 cols transalpins du Grand (2.472 m.) et du Petit-St-Bernard (2.188) sont des points de passage relativement faciles et qui, partant, furent de tout temps très fréquentés, à travers les Alpes Pennines du Valais ou chaîne italo-suisse et la chaîne frontière franco-italienne ; le 1er au N.-E., l'autre au S. du Mont-Blanc. Leurs routes d'accès convergent, sur le versant italien, à Aoste, dont le nom rappelle la voie romaine, *Via Augusta Prœtoria*, qui y bifurquait à destination de Vienne en Dauphiné *(Augusta Viennensis)* par le P.-S.-Bernard, la Tarentaise et Lemencum ou Chambéry, et de Mayence (*Via Moguntiaca)* par le val d'Entremond, Martigny, Genève, la plaine suisse et le couloir du Rhin. Nul doute qu'à la faveur de la Paix Romaine, le transit, durant la belle saison, n'y fût considérable et que l'administration

---

[1] D'après « le Mystère de St Bernard de Menthon », œuvre anonyme et problablement collective des moines du Grand-Saint-Bernard au xve siècle, en deux journées et 4.340 vers ; interprétée par les moines eux-mêmes devant la foule des pèlerins, présents à la fête du Saint, le 15 juin. — Publié avec une introduction, notes et lexique, par Lecoy de la Marche ; in-8o, 204 pages ; Firmin Didot, Paris, 1888. — Pour faciliter la lecture, l'orthographe des citations a été légèrement modifiée.

impériale n'y eût dressé, à côté d'un refuge-abri ou une vague *mansio*, quelque édicule en l'honneur des divinités protectrices des voyageurs, Mercure, voire même Jupiter.

Les invasions barbares, s'il est vrai qu'elles s'y sont aventurées, auraient respecté ces vestiges du paganisme, comme aussi, à l'époque carolingienne, les nombreux et pacifiques pèlerins de Terre-Sainte et de Rome, les « Romiers ».

Mais, durant l'insécurité du xe siècle, les hordes hongroises et sarrazines, peu à peu refoulées dans les divers culs-de-sac des vallées alpestres, s'y seraient accrochées, mises à cheval sur les cols pour y mener une existence rude et précaire, avec, pour appoint, une lourde rançon prélevée sur le transit des voyageurs et des marchandises, tandis que les idoles romaines prenaient figure de leurs propres divinités.

Le transit dut en être singulièrement ralenti et le mouvement des pèlerins sans doute annihilé, sans compter que le voisinage de ces indésirables mécréants pouvait mettre à rude épreuve la foi des jeunes chrétientés des vallées aux abords, privées, au surplus, de tous les bénéfices d'un trafic tari ou détourné.

## 1º Sa Vocation.

Telles sont les raisons qui semblent avoir appelé la *mission de* saint Bernard de Menthon (923-1008). Il fut le fils unique de Richard, baron de Menthon et de Bernoline de Duingt, issus de deux manoirs voisins et postés en sentinelle : l'un, perché et en retrait, l'autre, poussé en verrou sur le centre du lac d'Annecy pour en mieux surveiller les abords, le transit et la pêche. La légende attribue à sa famille les plus illustres origines. Richard descendrait du comte de Genève, Olivier, compagnon d'armes de Roland et l'un des douze Pairs de Charlemagne. Toutes les grâces s'attachèrent à orner le berceau de l'enfant : « Il estait beau comme un ange, dira un biographe, Roland Vyot, agréable comme le jour, doux comme les grâces qui semblaient avoir assemblé en luy la composition de toutes leurs faveurs les mieux concertées. »

De bonne heure son père l'envoya achever ses études à l'école épiscopale de Notre-Dame de Paris, en compagnie de son précepteur, Germain, dont on a voulu faire le fondateur de l'abbaye de Talloires. Il serait revenu à Menthon vers 948, rappelé par son père vieilli et désireux de l'initier à la direction de son domaine et mieux encore de l'établir sans tarder. On sait comment, après une éducation fort soignée, la veille même de son mariage projeté avec Marguerite de Miolans,

...une fille de seize ans,
Damoiselle bien gracieuse
Et qui, mieux vaut, moult virtueuse,

il s'échappa du manoir paternel de Menthon, dominant la rive Est du lac d'Annecy, et s'en vint se faire consacrer par l'évêque d'Aoste pour devenir bientôt chanoine et archidiacre de son diocèse.

Toutefois, l'histoire de ces fiançailles acceptées par ordre et auxquelles il se déroba brusquement sur un autre ordre venu de Dieu, mérite d'être redite, toujours d'après le *Mystère*, tant elle situe notre saint dans le domaine surnaturel, le pare d'héroïsme et le prédispose aux événements grandioses, merveilleux, où, donnant plus que la mesure humaine, il se révèlera l'artisan magnanime des *gesta Dei* sur les confins de notre pays. Car, avant de le suivre à Aoste et aux deux St-Bernard, il y aura intérêt à insister sur l'épreuve décisive de sa vocation, qui lui imposa un premier et douloureux sacrifice, prélude de ceux que Dieu allait lui demander dans la conquête si ardue de ces îlots de paganisme, attardés aux abords des cols à qui il devait léguer, avec son nom, son cœur et ses inestimables bienfaits.

On sait [1] que le choix de son état était fait, sa vocation fixée bien avant les premières ouvertures de son père Richard au sujet d'un projet d'union avec Marguerite de Miolans :

« Monseigneur, j'avais intenté (projeté)
En mon cœur un tout autre état.
Ce n'était pour avoir débat
A vous, que je ne dois courroucer,
Je me voulais prononcer
Au service de Dieu et de l'Eglise. »

Sa mère ne s'illusionnait pas sur les difficultés qu'il y aurait à vaincre ses répugnances :

Il n'avait que trois ans et demi
Que déjà il voulait être dévot.
Il le faut distraire peu à peu
Et tenir en ébattement ;
Car je sais bien certainement
Qu'il aimera mieux en dévotion
Être en quelque religion
Que dans le monde; là est son intention.

---

[1] F. Gex : *Le Château de Miolans*; Chambéry, Dardel, 1922.

Devant les instances concertées de son père, de sa mère Bernoline de Duingt, de son oncle, seigneur de Duingt, et de son parrain Bernard, sire de Beaufort, il paraît ébranlé. Le choix de sa fiancée n'y semble pas étranger. Son oncle, de Duingt, assure

«... l'avoir bien connue
Et avisée. En son maintien
Je ne saurais trouver rien
Sinon bien et toutes vertus. »
Au surplus, « Miolans est hôtel tenu
(pour être)
Des plus anciens de la Savoye. »

Bernard consent du bout des lèvres, un consentement de simple déférence :

Il me faudra être content
De me marier puisqu'il vous plaît.

Sans plus tarder, on décide que de Duingt et de Beaufort l'accompagneront à Miolans pour le présenter et demander « la fille qui est bonne, belle et habile » :

Je vous baille mon fils Bernard
Comme vôtre afin que vous le meniez
A Myolans et demandiez
La damoiselle pour sa femme,
Et au seigneur et à sa dame
Me recommandiez humblement.

On « l'habille sur le galant » et il part en homme « bien façonné avec l'espée sur le cousté », tandis que, tout le long du chemin, il se recueille et prie Dieu de l'éclairer et de lui donner « un ferme cœur ».

Les présentations faites, la demande est agréée d'enthousiasme par le seigneur de Miolans :

L'affaire me plaît grandement
Car tous ceux de Menton sont gens
Moult prisés et bien honorés
En la comté de Genèvé....
Je vous octroie la personne,
Et ma fille à Bernard la donne ;
De bon cœur je vous l'octroie...
Je lui donne (en dot) jusqu'à dix mille
Ecus vieux, s'il vous semble assez.
Mon père les a amassés ;
Je les lui octroie allègrement.

Marguerite reçoit de Bernard le bijou, symbole des accordailles :

Mon beau sire, je vous remercie ;
Je le garderai loyalement
Pour l'amour de vous, longuement,
*S'il plaît à la Vierge Marie.*

Le mariage est fixé un mois après. Il sera célébré un dimanche, au château de Menthon.

Entre temps, à Miolans, on active fiévreusement les préparatifs de la noce. Les messagers se mettent en voie

Pour tous les bons lieux de Savoie...
Faut appareiller les logis
Pour les grands et pour les petits
Je veux que tous soient reçus
Hautement....
Dans le propos de fêter
Il faudra faire chasser,
Avoir de toute venaison,
Perdrix, faisans, lièvres, oisons
Et de toute autre sauvagine.
S'il venait roi et reine
Ils seront bien fêtés.
Vous avez froment et vin vieux
Et autres biens en abondance.

Le seigneur de Menthon ne veut pas être en retard. Genève lui procurera

De toutes choses nécessaires
Qu'il appartient à telle affaire.

Voire même il mandera

Monseigneur
L'évêque, qu'il me fasse l'honneur
D'épouser nos gens, s'il lui plaît.

Devant cette hâte à le marier, Bernard ne sait réprimer en présence de son père un dernier sursaut :

J'aimerais mieux en un couvent
Etre encloîtré qu'en cet état.

Son père ne supportera plus de réplique :

Par l'âme qui au corps me bat,
Ne faites plus de telles manières.
Mieux vaudrait que vous eussiez les
fièvres.

Il n'a cessé cependant de faire violence à Monseigneur S. Nicolas, à la Vierge Marie :

Je te prie et supplie
Car on veut que je me marie...
Vrai Dieu qui as tout créé
Et formé
Par ton divin artifice ;
Que je puisse
Le monde abandonner
Qui est tant plein de malice
Et de vice.
Il y fait mal demeurer...
Je te supplie par la grandeur
De ta douce miséricorde
Ote-moi le lac et la corde
Du col, car je suis presque pris.
Jamais nul ne fut péri
Qui se confia en ta grâce.

C'est l'ultime prière dont, en désespoir de cause, il tourmentait le ciel la nuit même qui devait précéder le mariage. Il s'était retiré de bonne heure, seul, dans sa chambre. C'est là que, tous feux éteints et le calme revenu dans le château, Notre-Dame et S. Nicolas lui inspirèrent son héroïque détermination.

Au matin, alors qu'on s'apprêtait à recevoir

De Genevois toute noblesse
De Savoie la gentillesse,

ordre fut donné aux ménétriers de l'aller éveiller « tout doulcement ».

D'une aubade bien gracieuse
Pour l'amour de son amoureuse.

Pas de réponse ; on force la porte ; le lit est vide ; la lettre ouverte révèle l'irréparable. Les lamentations du père et de la mère se font poignantes.

La Mère :

Nous sommes envergognés tous,
Notre Bernard s'en est allé !...
Ah ! Reine du firmament !
Tu me laisses bien désolée !
Hélas ! Pourquoi suis-je oncque née,
D'avoir perdu mon cher enfant ?..

Le Père :

— Mourir me faut de deuil, mon amie
Puisque mon réconfort est perdu.
Je suis pauvre vieillard chenu,
Et sans héritier me faut défaillir.

Le sire de Beaufort s'applique à le calmer :

Mon compère, il faut avoir
Un cœur d'homme, non pas de femme.

Le plus douloureux est d'aller prévenir Miolans et la fiancée. Le temps presse ; on y court, on y porte la lettre. C'est le coup de tonnerre dans un ciel serein :

Ah ! Notre-Dame, il a trompé
Moi et ma fille et mon lignage...
Moi qui ai fait venir mes amis
En noces, et le diable a mis
Des empêches ! J'en suis honni.

Et, en homme qui est bien de son pays :

Je ne boirai jamais de vin
Tant que mon cœur en soit vengé.

Incontinent, il fait porter, en retour du courrier,

Au seigneur de Menton et ses gens
Un défi à feu et à sang.

Aux éclats de la colère paternelle, Marguerite est accourue. « Ton mari s'en est enfui », lui crie sa mère. C'est alors que se révèle la magnanimité de cette sublime délaissée. Dieu l'avait faite trop digne du saint pour que la grâce ne l'ait pas touchée à son tour :

Il ne faut pour ce être ébahi,
Monseigneur, ni vous aussi, ma dame.
Dieu vous garde de plus grande diffame
(déshonneur)
La culpe (faute) n'est en vous ni en moi ;
On ne vous blâmera pas, je crois,
Et tout sera pour le meilleur.
S'il veut servir Notre-Seigneur
Il élit le plus sûr chemin....
Il m'était promis ? Dieu tout-puissant
L'a inspiré depuis après.
Je le regardai bien de près ;
Mais bien me sembla à moi sa chère,
Qu'il n'avait pas bien la manière
D'un homme de guerre, mais d'église,
Et que son entente avait mise
Autre part qu'en mondanité.

A son tour, elle prend connaissance de la lettre d'adieu. C'est l'éclair révélateur des premières lueurs de sa vocation religieuse :

Mon cher seigneur, à cette fin
Que vous ne vous courrouciez nullement,
J'ai très bien entendu comment
Bernard est allé au service
De Dieu et a laissé l'office
Et l'état de chevalerie.
Il a élu très sainte vie
De sainte contemplation
Et a fait bonne élection,
Car il a pris voie plus sûre
Dont pour ce, si en vous ne demeure,
Mon seigneur, je serais contente
De mettre moi aussi mon entente
A servir Dieu et Notre Dame
Pour acquérir le saint royaume
Et la gloire du paradis.

Son père lui propose d'autres consolations :

Je vous trouverai bien d'autre baron
Que Bernard. Pas déconforter (décourager)
Il ne vous faut, ni pour ce pleurer,
Car je vous logerai plus haut
Que devant. De ce il ne vous chaut.
Laissez passer cette folie.

A quoi Marguerite précise :

Je voudrais toute ma vie
Etre vierge, si à vous il ne tient,
Car je sais bien qu'il n'appartient
Pas à moi de vous courroucer.
Humblement je vous veux prier
Qu'il soit de votre bon plaisir
De me laisser à Dieu servir.

Les parents se laissent fléchir, puis consentent avec joie : Marguerite laisse éclater son *Magnificat* et se recommande à Dieu, elle et tous ses aimés

A servir Dieu je me présente
Et aussi à sa doulce Mère.
Je laisserai cette misère
Du monde plein de vanité.
A Dieu, père plein de bonté,
A Dieu, ma mère débonnaire :
En Chartreuse je me veux retraire (retirer).
A Dieu, mon oncle et mes cousins,
A Dieu, cousines et voisins.
A Dieu je recommande toute noblesse.
Dieu vous tienne tous en liesse.
A Dieu, dames et damoiselle ;
A Dieu soyez, belle pucelle ;
A Dieu, bonnes gens du pays,
A Dieu soyez, grands et petits.
Ah ! Bernard, à Dieu je te recommande,
Prie pour moi le Dieu tout-puissant !

Elle adresse à son père une dernière requête, celle de renoncer à son défi aux de Menthon et de s'incliner devant leur douleur et leur humiliation :

Je vous requiers
Que pour moi ne soit faite la guerre
Et laissiez en paix d'autrui la terre.
Le bon seigneur est courroucé
De son fils qui les a laissés :
Je vous prie que soyez en paix.

Le père, au comble de l'émotion, consent et pardonne :

Pour l'amour de vous je m'en tais
Et jamais n'en sera parlé.
Je prie à Dieu que consolé
Il soit, ainsi que tu le désires.

Marguerite, doublement exaucée, remercie ses généreux parents et les bénit :

Grand merci, très honorés sires.
Je prie à Dieu de paradis
Qu'il vous donne bonne paix toudis
(toujours).
Demain, si à Dieu plaît, j'entrerai
En Chartreuse où me maintiendrai
En honneur et d'âme et de corps.

## 2° Sa mission au Saint-Bernard.

Ayant ainsi brisé avec le monde et refoulé dans son cœur toute attache humaine, Bernard, réfugié à Aoste, n'en appartenait que mieux à Dieu et à sa vocation. Promu rapidement à la dignité d'archidiacre, cette haute fonction, en faisant de lui le bras droit de son évêque, devait aider aussi à l'accomplissement de sa mission. Dieu, son zèle apostolique, l'intérêt de son diocèse attendaient de lui qu'il purgeât les cols, transformés en maupas et en coupe-gorge, des pillards qui les infestaient, afin de les rendre à la sécurité, y faire revivre le transit. A cet effet, il importait avant tout d'y anéantir deux foyers attardés de paganisme et d'idolâtrie où s'alimentaient principalement le fanatisme de ces pirates des Alpes, leur haine du chrétien et tout particulièrement du pèlerin de Rome, le *romier* ou *roumi*. En Aoste, on redoutait par-dessus tout la statue de Jupiter du Grand-Saint-Bernard et la Colonne, également à lui dédiée, qui lui faisait pendant au Petit-Saint-Bernard. L'imagination populaire les animait étrangement. Toutes deux passaient pour être friandes de chair humaine et toute une légion de démons bien spécifiés et dont les noms sinistres évoquaient plus qu'un état signalétique : Astaroth, Brunet, Agrapart, Belliard, etc., leur servaient de rabatteurs. Les pillards, vraisemblablement, se contentaient de rançonner ; mais les dieux, eux, prélevaient la dîme humaine : on leur sacrifiait le dixième des voyageurs, audacieux ou imprudents, qu'on avait pu happer au passage.

C'est du moins l'aventure — toujours d'après le *Mystère* — qui arriva à une caravane de pèlerins, et c'est le récit de leurs malheurs, fait à l'évêque d'Aoste, qui décida saint Bernard à tenter son expédition libératrice.

Plus hardi que David aux prises avec Goliath, le Philistin, il n'accepta en guise d'armes que l'étole et le bâton de pèlerin. Ses soldats furent neuf clercs chantant le *Veni Creator*. Il voulut être le dixième, celui-là même sur qui s'acharneraient les démons pour être destiné au repas de Jupiter, à seule fin de l'aborder plus sûrement, jusque dans une intimité qu'il saurait faire tourner à sa confusion et à sa ruine. Par contre, il ne négligea point les armes spirituelles et c'est par là que se révèle le saint, nanti de l'appui assuré de Dieu, de Notre-Dame et de Messire saint Nicolas, son saint préféré.

Sa prière est trop pathétique pour n'être point exaucée :

*A Dieu* :

Délivre, beau sire,
Ton peuple de l'ire
Du faux ennemi,
Qui ne fait qu'attire (r)
Et mettre à martyre
Ton peuple aujourd'hui...

*A Notre-Dame :*

Vierge Marie glorieuse
Des pauvres gens la plus piteuse,
Prie ton fils à deux genoux
Que cette idole tant hideuse
Tant redoutée, tant crueuse (cruelle),
(Il) veuille ôter arrière de nous ;
Car notre peuple en est très tout
Troublé et mis à grand torment.
Pour ce te prierons humblement...

Sa prière à Notre-Dame est aussitôt agréée. St Nicolas reçoit la mission d'en informer Bernard avec l'indication précise de la tactique à employer dans son entreprise, l'assaut à donner au Petit comme au Grand-Saint-Bernard et les fondations pieuses et hospitalières qui devront couronner son œuvre, en perpétuer le souvenir et les bienfaits :

Archidiacre, Dieu te sault (salue).
Ta prière est montée là-haut ;
Dieu t'a ouï et entendu
Et t'a donné telle vertu
De détruire la fausse idole.
Atout (avec seulement) le bâton et l'étole
T'en iras avec les romiers
Là-haut dessus ; non pas le premier
Mais le dernier il te faut aller
Et cette idole conjurer,
Prendre et lier et tout détruire.
Ainsi le veut Dieu notre sire.
Et n'aie peur, car je serai
Avec toi et conduirai
Tant que tu n'auras mal ni dam.

Voilà pour le Grand-Saint-Bernard (le Mont-Jou : *Mons-Jovis*).

Mêmes ordres relativement au Petit-Saint-Bernard (Colonne Jou) :

> Et ainsi la *Colonne* Grand
> De l'autre montagne là-dessus
> Détruiras et bouteras jus (à terre).

Après quoi :

> Et fonderas deux hôpitaux (hospices)
> Deux églises et couvents biaux
> Où Dieu sera tout temps servi...
> Que l'on y fasse belle église
> Et maison bien assise
> A recevoir les pauvres gens...

L'assaut est mené rondement en dépit de toute la frénésie des démons, dûment excités par leur chef Jupiter. Bernard touche à la statue, l'enlace de son étole, muée en une chaîne irrésistible et l'entraîne, suivie de toute la séquelle des démons rugissants mais impuissants, dans le gouffre de Montmallet, tandis que s'achève un dernier dialogue entre Jupiter enchaîné et son vainqueur :

*Bernard* :

> C'est au nom du doux roi Jésus
> A qui il te faut lors obéir.
> Il n'est nul qui puisse résister
> A l'encontre de sa grand majesté.
> Tu seras battu et traîné
> Et attaché à un gibet,
> Ici, tout près, en Montmalet...

*Jupiter* :

> ...Lors ai-je bien trouvé mon maître.
> Oh ! Bernard, tu me fais grand guerre ;
> Tu me prends ma place et ma terre
> Que j'ai si grand temps possédées.

*Bernard :*

... Oh ! idole de Dieu maudit,
Tu as régné trop longuement
Et as détruit la pauvre gent :
Tu expieras désormais
Les outrages que tu as faits
A la pauvre nature humaine...

Et l'action de grâces éclate aussitôt, à l'adresse de Dieu, Notre-Dame, saint Nicolas :

Vrai Dieu, que tu sois gracié (remercié)
Quand victoire tu m'as donné
Contre ces diables damnés.
J'en ai délivré le passage.
Or (désormais) pourront les fols et les sages
Passer par ici hardiment.
— Oh ! Reine du firmament
Que tu sois bénite et louée
(Toi) qui m'as aidé, cette journée
A vaincre cet ennemi !
— Oh ! saint Nicolas, mon ami,
Tu m'as bien tenu compagnie !

Mais saint Nicolas, sans s'arrêter à ces grâces qui ne reviennent qu'à Dieu, l'invite à aller incontinent délivrer de même le Petit-Saint-Bernard :

... Tu as détruit le malfaiteur
Par la puissance de Jésus-Christ :
Encore il te faut, mon biau fils,
Aller détruire la *Colonne*
Qui abuse mainte personne ;
C'est lieu du diable de là-dessus.
Avec ton bâton boute-le jus (à terre)
Par la vertu du Créateur.

Bernard s'en va à la Colonne-Jou et lui tient ce discours :

Le vouloir de Notre-Seigneur
A qui devons tous obéir
Soit accompli, et son plaisir
Soit fait : Or donc, de par Jésus
Que cette Colonne et ses vertus
Soient détruites maintenant.
En nom du Père tout-puissant
Je te veux à l'heure dérocher.
*Et il déroche la colonne.*

Les anges dans le ciel chantent sa louange, faisant escorte à Notre-Dame qui vient complimenter Bernard et lui rappeler la fondation des 2 hospices avec leur monastère :

Tu as bien l'ennemi vaincu
Et hors du passage banni.
Bernard, tu m'as tout temps servie
Et encore me serviras :
Une église tu fonderas
A cet endroit et la maison
D'une belle religion (ordre religieux)
Par manière d'un hôpital
Pour pauvres gens garder de mal...
Lieu désolé, désormais
Il sera lieu de toute paix.
C'était le lieu de l'Antechrist :
Maintenant sera à Jésus-Christ,
Où pauvres seront confortés,
Et refaits de leur pauvreté.

Les clercs qui l'ont accompagné jusqu'à Saint-Rémi, angoissés de le voir tant tarder à revenir, se risquent jusqu'au Grand-Saint-Bernard. Ils apprennent l'heureux événement et, dans leur enthousiasme, s'offrent à devenir ses premiers moines :

Mes biaux enfants, j'en suis content.
Je vous mettrai aussi le froc
Et ainsi ferons peu à peu
Une assemblée gracieuse
Et une œuvre bien fructueuse
Pour le temps qui est à venir...
Dont saint Nicolas glorieux
Sera patron et protecteur,
Et la Mère du Créateur
En sera dame et souveraine.

Et pour le Petit-Saint-Bernard notamment :

Je veux aussi prendre la peine
De fonder dessus (en place de) la Colonne
Une maison pour faire aumône,
Une église et un hôpital (hospice),
(Vous) donner règle en tout égale
A la règle de saint Augustin
Où ferons l'office divin :
*Colonne-Jou* on lui dira ;
L'autre *Mont-Jou* se nommera.

Et tandis que les hospices s'élèvent, que les monastères se peuplent, que les pèlerins rassurés affluent, que le transit reprend, Bernard obtient de son évêque d'aller entreprendre en Genevois, en Tarentaise, en Valais, en Lombardie, une campagne de prières, de prédications, de missions, de sermons de charité, à seule fin de rassembler les ressources qui lui permettront d'achever son œuvre et d'assurer son avenir.

Entre temps, l'éclat de sa renommée lui vaudra des contributions d'importance. Ses vieux parents, le seigneur de Menthon et dame Bernoline, sa mère, que sa fuite avait laissés dans la désolation, mis au comble de la joie de retrouver leur fils, n'auront plus de repos avant de l'avoir revu pour l'aider à mener à bien son entreprise si éminemment charitable.

*Son père :*

Foi que dois à barbe de menton (!)
Je irai à ce (prochain) printemps
Et l'y aiderai de mille francs,
Si à Dieu plaît, à faire son église.
Dieu soit loué quand il a mise
Son entente à le bien servir.

*Bernoline :*

Je suis contente de mourir
Et recevrai la mort en gré.
Notre-Seigneur m'a bien aimée
De m'envoyer telle nouvelle
De mon fils...

*Son père :*

Loué soit Dieu de paradis !
S'il lui plaît encor (nous) le reverrons
Et de nos biens emploierons
Largement pour l'amour de Dieu.
Je veux tôt aller voir le lieu.
Plus joyeux (je) finirai mes jours
Lors sont tournées nos douleurs
En toute joie et allégresse.

Ainsi donc :

Quand son père entendit le cas
Et ses autres seigneurs parents,
Ils firent comme bonnes gens
Et visitèrent les maisons
Et offrirent de moult biaux dons
Largement et maison fondèrent.
D'autres seigneurs s'y donnèrent
Tout à l'honneur de saint Bernard
En plusieurs lieux, à bonne part.
Un seigneur, passant d'Angleterre
Y donna toute sa terre
Au bon hôpital du Mont-Jou.
Il donna le Chastel Cornu
(*Hornchurch, Essex*)
Qui valait moult, à la maison...

Le récit enguirlandé de ces événements repose sur un fonds historique vraisemblable et certain. La légende, rapportée comme telle par les Bollandistes eux-mêmes et que le mystère n'a fait que paraphraser et rimer, l'a simplement orné d'un cadre de *légende dorée* où le merveilleux a été sans doute *poussé*, dans la manière des Mystères de l'époque et pour corser l'intérêt de la représentation scénique.

Quoi qu'il en soit, il restera à saint Bernard d'avoir été l'artisan magnifique du retour de nos 2 grands cols alpins à la sécurité, au transit, à la reprise du trafic transalpin, l'éminent fondateur de leurs monastères et de leurs hospices. Ce sont deux merveilleuses émanations de son esprit de foi et de charité qui répondent à un besoin toujours actuel, et d'autant plus appréciées que les grandes routes qui les escaladent sont plus fréquentées et que le tourisme moderne s'applique davantage à les faire connaître, à en faire admirer les splendeurs et le pittoresque en raison des perspectives uniques qu'ils ouvrent, *aux timides*, sur les géants des Alpes : le Mont-Blanc d'une part et, vers l'Est, la prodigieuse muraille valaisanne où pointent le Vélan, le Combin, le Cervin et tous les feux du Mont-Rose.

Le saint survécut 40 ans à son utile et retentissante victoire sur les pillards païens. Il partagea le reste de sa vie à la consolider par les aumônes qu'il sut recueillir au cours de ses missions. Il mourut à 85 ans, le 12 juin 1008, à l'abbaye de Novare, plein d'années et de mérites, en odeur de sainteté. Il fut canonisé par acclamation populaire et dès 1123 son culte était en honneur dans l'église de Novare, en même temps qu'en souvenir de ses bienfaits, les vocables de Mont et de Colonne-Jou, créés par lui-même, cédaient définitivement la place à ceux du Grand et Petit-Saint-Bernard.

Notre reconnaissance envers lui sera celle des contemporains comme celle des auteurs anonymes du Mystère :

Le pays ne valait un blanc (la moindre
pièce blanche)
Si (tant que) le passage ne fut franc.
Qui est celui qui par là passe
(A) qui volontiers bien on ne lui fasse ?..
S. Bernard prêchait bien souvent,
Les orgueilleux humiliait...,
Les ireux (colères) il pacifiait...,
Les golliards (intempérants) durement
blâmait...,
Les défauts il réparait,
Les désolés il consolait,
Toute personne confortait...
Moult il faut saint Bernard prier :
Bien nécessaire il fut en Aoste.
Saint Bernard le diable nous oste
Et garde aussi d'autre péril.
Saint Bernard preu de bien nous fit... »

### 3º L'Apothéose.

L'auteur du *Mystère*, dans l'impossibilité de suivre son héros à travers toutes les péripéties d'une vie apostolique des mieux remplies, la résume en ce court récit :

Bien avez entendu le cas
De saint Bernard jusqu'ici,
Qui a détruit un tel ennemi
Et commença cette maison
(Dont) il ordonna la religion.

Son père, seigneur de Menton,
Et plusieurs autres hauts barons
De son vivant visitèrent
Mont-Jou et de leur bien donnèrent.
Long serait de tout démontrer.
Pour abréger... et tout seulement
Voulons montrer le finement (la mort)
De saint Bernard, et, de ses miracles
En montrerons trois ou quatre.
De la fièvre il a guéri plusieurs
En sa vie, et d'autres douleurs.

(Il s'est fait une spécialité de la guérison des fiévreux, des aveugles, des boîteux et des paralytiques, comme de l'assistance miraculeuse des indigents.)

Chacun venait à saint Bernard
Grâce quérir de toute part.
En Lombardie où il prêchait
La fausse secte il détruisait.
A Milan fit plusieurs sermons.
A Novare fut grand renom
De sa vie et de sa sainteté.
(Le tout) en sa légende est récité (raconté).
Pour abréger... à Novare où il défaillit
Il fut de maladie saisi...

*Sa mort* fut bien digne de sa vie. Le mal qui devait l'emporter le surprit à Novare, au cours d'une dernière visite avec distribution d'aumônes et d'encouragements à ses grands amis, les malades et les pauvres d'un « hôpital — où il y a des gens qui ont grand mal ». Il dut s'aliter dans une cellule d'un couvent de la ville. Il y reçut l'assistance des moines et de leur prieur, mandé en toute hâte pour lui rendre les derniers devoirs :

Mes frères, je tire à ma fin
Ainsi qu'il plaît à Notre-Seigneur.
Priez pour moi, pauvre pécheur ;
Je vous en prie maintenant
Car en bref (sous peu) je serai rendant
L'esprit à mon Créateur.

Le prieur l'exhorte à avoir « bon cœur à Nostre Sire » (Seigneur). Bernard le remercie et lui confie ses dernières volontés, le *testament* d'un saint, qui arrache au Prieur ce cri d'approbation :

Archidiacre, la prudence
De vous se montre maintenant :
Chacun le doit faire devant
Qu'il perde le sens et mémoire.
Quand Dieu vous voudra en sa gloire
Appeler, vous en vaudrez mieux.

S. Bernard :

Vous voyez bien que je suis vieux
Et que je ne puis plus travailler.
A Dieu mon âme je veux bailler,
S'il lui plaît de la recevoir.
Aux pauvres je donne mon avoir ;
Mais il n'y a guère à prendre.
Mon corps à la terre je rends.
Mes os seront ainsi distribués :
En Aoste ils seront tous portés,
Mais Mont-Jou en aura la moitié.

(Effectivement sa dépouille demeura intégralement à Novare ; il n'en fut distribué plus tard que quelques parcelles aux chanoines du Grand-Saint-Bernard et à la famille de Menthon.)

Et humblement je les supplie
Qu'ils les viennent ici quérir,
Et qu'il leur plaise soutenir
Ma religion commencée,
Car à très tous je notifie
Que je l'ai fondée

En partie de la substance
De la dite archidiaconé
Dont tout temps Dieu soit honoré
Du prévôt et religieux
Comme les droits premiers fondateurs
De la religion de Mont-Jou.

Les affaires temporelles réglées, Bernard s'abandonne à Dieu qu'il a servi de son mieux et qui saura bien le lui rendre. S. Nicolas sera encore son interprète pour calmer ses dernières inquiétudes et lui apporter les suprêmes assurances :

Glorieux roi du firmament,
Je m'en vais faire ce message.
O Bernard, aies bon courage.
Tu as été bon serviteur :
La grâce de Nostre Seigneur
Est avec toi, n'en doute rien.
Par toi auront assez de bien
Tous les gens qui te requerront ;
Par toi les morts ressusciteront,
Par toi les femmes enfanteront,
Par toi les aveugles verront,
Par toi boîteux se dresseront,
Par toi les fiévreux guériront,
Par toi les muets parleront,
Par toi les maladies cherront,
Par toi les tempêtes cesseront,
Par toi les diables s'enfuiront.
Tous ceux qui en toi se fieront
Par toi la sainte gloire auront..
Dieu t'attend à son saint convive (banquet.)

Bernard, aussitôt, exhalait, avec son dernier soupir, ses *novissima verba* :

Béni soit Dieu qui toujours délivre
Ses serviteurs de tout péril :
A Dieu maintenant mon esprit
Soit rendu en son saint royaume.
*In manus tuas, Domine...*

Au même instant Dieu donnait ses ordres à S. Michel et à S. Gabriel :

> Allez-moi quérir l'âme de S. Bernard.
> Il a bien gagné d'avoir sa part
> En paradis avecque nous.

Les saints anges le portent en paradis en chantant : *Iste confessor Domini sanctus.* Parvenu au pied du trône céleste, Dieu lui-même donne le signal de l'apothéose de son fidèle serviteur :

> Ma grand gloire est préparée
> A toi, Bernard, archidiacre.
> Ici près, dans mon tabernacle,
> Tu seras perpétuellement.
> Chantez, anges, allègrement ;
> Il faut que se réjouisse tout le paradis.
> *Et cantant angeli.*

## 4° L'Histoire et la Légende.

Ce *Mystère*, prose rimée où il est si facile de faire la part du dramaturge et des exigences de l'interprétation scénique, n'en constitue pas moins une honnête et très fidèle paraphrase de la Vie du Saint, sa première biographie, par Richard de la Val-d'Isère, son successeur à Aoste et le témoin authentique d'une bonne tranche de sa vie, si toutefois il n'a pas assisté lui-même au miracle de la délivrance des cols.

Mais, c'est précisément cette biographie originelle qui a été le plus contestée, battue en brèche par une critique hostile par principe au merveilleux, sans aller cependant jusqu'à s'insurger contre l'existence même du saint, son œuvre hospitalière et apostolique. A l'en croire, il ne resterait plus de la Vie de Richard et du Mystère qu'une œuvre d'imagination, dénuée de toute valeur historique.

D'autre part, la même critique, et pour éviter des incompatibilités d'ordre chronologique, a éprouvé le besoin de décaler de un à deux siècles l'existence du saint et de reporter les dates traditionnelles de sa vie (923-1008) à 996-1081, 1003-1082, 1007-1086, etc., etc. C'est à seule fin de justifier la rencontre de S. Bernard avec l'empereur Henri IV en 1060 ; de même que les erreurs et interpolations relevées par Chifflet, dans sa copie de la chronique de Richard de la Val-d'Isère à l'usage des Bollandistes ; comme aussi l'impossibilité matérielle de la fondation des hospices au x^e^ siècle en raison des invasions sarrasine et hongroise et de l'insécurité du règne du duc de Bourgogne, Rodolphe III.

Des érudits catholiques, et des plus respectables, tels que Mgr Duc, évêque d'Aoste [1], ont fait des efforts louables pour concilier les trouvailles de la critique moderne avec la tradition. Le distingué prélat, partisan des dates 996-1081, en raison de l'entrevue à Pavie du saint avec le héros de Canossa, qu'il place en avril 1081 et au retour de laquelle il s'éteignit de la fièvre le 12 juin et fut sépulturé le 15, propose (p. 20), du conflit entre l'histoire et la légende, la solution que voici :

« Nous n'avons pas à retracer le récit de l'expédition merveilleuse, entreprise par le pieux chanoine d'Aoste, au Mt Jou pour y détruire à la fois le brigandage et la superstition. Les Vies les plus anciennes du

---

[1] *A quelle date est mort St Bernard de Menthon ?* (Gd in-8°, 48 pages ; Turin, 1893.)

héros de nos Alpes ne rapportent aucun fait extraordinaire à ce sujet. C'est en s'éloignant des temps primitifs, que l'imagination populaire a ajouté des circonstances singulières à la vérité historique. Du reste, tout esprit raisonnable peut facilement admettre avec Mgr Luquet *(Etudes sur le G.-S.-Bernard)* que des pèlerins français, à leur arrivée au Mt Jou, avaient eu un de leurs compagnons tué par les brigands installés sur la montagne ; que, redescendus à Aoste, ils retournèrent au Mt Jou avec notre saint ; qu'ils furent accompagnés processionnellement par le peuple en prière jusqu'au bourg de St. Rhémy, où l'on craignit beaucoup pour leur vie pendant toute l'expédition ; qu'au moment où ils s'y trouvaient engagés, une tourmente extraordinaire vint s'ajouter aux autres périls de la montagne ; que S. Bernard travailla très activement pour faire prisonnier le chef des brigands qu'on punit ensuite de ses crimes ; qu'enfin le saint apôtre renversa sur la montagne, au Plan de Jupiter, les signes d'idolâtrie que les barbares y avaient replacés. Tout chrétien peut aussi croire, sans être traité d'absurde, que le démon apparut à S. Bernard sur le Mt Jou, sous la forme d'un géant, qu'il y excita une horrible tempête au moment de l'expédition et que le saint l'adjura de quitter ces lieux. Des faits du même genre sont racontés dans des vies authentiques de saints. »

On ne contestera pas, du moins à ce tissu de vraisemblances, le mérite de l'effort dans l'art de vider une légende, de la dépouiller de son merveilleux ou de le réduire un peu arbitrairement à son strict minimum.

En opposition avec cette école et cette interprétation, le retour à la tradition marque une reprise de faveur. Le dernier biographe de St Bernard, M. Pidoux de Maduère [1], accorde toute sa confiance au récit de Richard, faute de preuves contraires absolument convaincantes. Il maintient donc la chronologie primitive de 923-1008, alléguant que l'empereur de l'entrevue de Pavie n'est pas Henri IV, comme on l'a trop docilement admis sur la foi d'une séquence ou hymne latine, inspirée d'une chronique légendaire et apocryphe du xv<sup>e</sup> siècle. Il s'agirait bien plutôt de l'empereur Henri II, auprès de qui St Bernard n'hésita pas à se rendre pour implorer sa clémence en faveur des Pavésiens révoltés par Hardoin, marquis d'Ivrée, puis battus, leur ville incendiée, et réduits à merci par le César germanique

Abordant ensuite le fond de la question, c'est-à-dire la délivrance merveilleuse des cols, la fondation des hospices et l'étonnante vie apostolique du saint, il établit avec beaucoup de vraisemblance que si l'insécurité résultant des invasions du xe siècle a pu être un obstacle à l'œuvre du saint aux deux St-Bernard, elle peut en avoir été, avec infiniment plus de raison, la cause déterminante : celle-là même qui eut le don d'exciter son zèle et son héroïsme, sans lesquels St Bernard n'eût fait qu'œuvre vulgaire et d'un mérite commun. « A vaincre sans péril on triomphe sans gloire » ; un St Bernard de tout repos n'eût rien fait

---

1 *St Bernard de Menthon, l'Apôtre des Alpes.* — Desclée, Lille, 1923 ; 100 pages, 25 gravures. (A l'occasion du millénaire de sa naissance : 923-1923.)

qui le recommandât à l'attention de la postérité. La légende autant que l'histoire ne s'y seraient que médiocrement intéressé et moins encore la critique.

Ce n'est donc pas sans raison que, jusqu'à preuve du contraire, et cette preuve, selon lui, n'est point faite, l'auteur s'en tient à la chronique de Richard dont la sincérité paraît prouvée par cette déclaration et ces solennelles protestations de véracité : « Moi, Richard, qui étais archidiacre augustin prénommé, ici chanoine et très familier et connu du même St Bernard, voyant ses prodiges et innombrables miracles, appliquant en voyageant ma pensée dans le Seigneur, et lui-même me nourrissant, revenant de Rome, je me suis enquis des chroniques dans les lieux de Menthon, Aoste et Novare, et autres lieux voisins et cités du diocèse, où il a été rencontré ; et j'ai vu, autant que j'ai pu et qu'il a été nécessaire, personnellement les chroniques et plusieurs écrits ; et sur ces choses écrites j'ai rédigé de mémoire ; et j'atteste qu'il en est ainsi en présence de Notre-Seigneur, régnant dans les siècles des siècles. Amen. »

C'est pourquoi, à tout prendre, le parti le plus sage, parce que le plus rationnel, est encore de se rallier à la thèse traditionnelle de M. Pidoux. Elle a pour elle le passé et l'histoire aussi bien que la légende, car on sait le cas qu'il faut faire de certaine histoire, même la plus savamment étayée. Cette prétendue légende a pour elle l'épreuve d'une débauche d'érudition qui, comme bien on pense, n'a rien su tirer au clair, dès qu'elle repose sur ce postulat que le merveilleux étant invraisemblable, inexpérimental, doit être rejeté *à priori*. Les moins défavorables à la vie merveilleuse du saint ont aussi, sous couleur de la défendre, institué un débat d'un intérêt purement académique, allumé une querelle aussi oiseuse que sans issue, dont le mérite le plus clair est d'exciter la production d'une érudition toute locale, avec la même fécondité... et le même succès que les six cent et une thèses qui menacent encore de promener dans toutes les Alpes le passage d'Hannibal.

---

# CHAPITRE II.

## LE COL.

### 1° Origine et Structure.

En ce qui concerne l'œuvre de St Bernard, la question des cols a du moins l'avantage d'être toute résolue. Ils se limitent nettement à deux : le Grand et le Petit-Saint-Bernard. Tous les deux ils s'insèrent en bordure du massif du Mont-Blanc, dans la masse des assises sédimentaires de la couverture ou de « l'auréole » que le géant alpin a soulevées avec lui et d'où il a fait émerger sa formidable « amande » cristalline, son noyau éruptif de protogyne, apparenté aux granits.

La différence essentielle entre les deux, c'est que, outre la distance qui les sépare (32 km. à vol d'oiseau) et leur topographie ou morphologie respective, le Grand-Saint-Bernard est un col axial et de flanc, le Petit, un col latéral par rapport à l'axe du Mont-Blanc et aux plis parallèles dont le faisceau vers le S. franchit en écharpe la frontière franco-italienne. Col axial, c'est dire que le Grand-Saint-Bernard est installé en ensellement ou sur un abaissement d'axe de la chaîne du Mont-Blanc vers son prolongement dans les Alpes Pennines du Valais ; de flanc, parce que cet ensellement a favorisé la poussée remontante vers le col d'une vallée latérale, tributaire du Rhône suisse à Martigny, la Dranse d'Entremond ; de flanc encore, parce que, sur le versant S. italien, le torrent Ruthier, affluent de la Dora Baltea, a pu y recueillir un autre émissaire, plus timide et beaucoup plus raide, le torrent du vallon du St-Bernard ; si bien, qu'à ne considérer que les deux émissaires qui y naissent avec des directions opposées, le col peut bien se dire col de tête tout en gardant l'attribut d'un col de flanc par rapport à la chaîne faîtière.

Col de tête aussi celui du Petit-Saint-Bernard, si l'on ne considère que les deux torrents opposés qui y prennent leur source : la Dora Verney valdôtaine et le Reclus savoyard. Sa vraie caractéristique se doit demander à la structure de son berceau. Or celui-ci repose dans le vaste synclinal houiller de la Moyenne-Tarentaise et qui, sur la frontière, s'interpose en direction SO-NE entre les massifs cristallins du Mont-Blanc au N. et du Pourri et Ruitor au S. De plus, l'axe du col, dans les schistes et grès houillers relativement durs du Valaisan, dominé immédiatement au N. par les escarpements des schistes lustrés puis liasiques plus tendres et facilement déblayés de Belleface et de Lancebranlette, lui confère l'allure d'une dépression linéaire monoclinale. Vue du Jovet, au-dessus de Bozel, cette dépression se distingue à peine des autres qui lui sont parallèles et qui forment, de la Seigne au St-Bernard, une remarquable série descendante et comme autant de gradins burinés, à l'assaut du Mont-Blanc, une cascade d'entailles pratiquées dans le secteur S. de son auréole.

Pourquoi celle du St-Bernard est-elle plus déprimée ou plus accusée que les autres? Cela tient à la faible altitude de l'Isère à Bourg-Saint-Maurice, le niveau de base responsable de l'affouillement énergique opéré par son affluent le Reclus, dont l'érosion remontante a de bonne heure atteint et abaissé le col. Si l'on considère que sur une même distance de 8 km. sur les deux versants, Bourg n'est plus qu'à 812 m. contre 1.441 à la Thuile en Aoste, il est de toute évidence que le gros effort de déblaiement du col est venu du versant français.

Au surplus ce travail a été singulièrement favorisé par la présence d'une bande gypseuse intercalée entre le grès houiller du Mont-Valaisan et les schistes lustrés du col. Elle se faufile en coin acéré des abords de Bourg jusqu'au-delà de St-Germain ; le cône de déjections qui porte Séez y plonge la pointe de son éventail et la gorge du bas Reclus est prise en entier dans cet éventrement de la montagne. Un de ses affleurements, très dénudé, apparaît en face du village sous le nom significatif de Roche-Blanche. C'est, du reste, la même roche, soluble et caverneuse [1], que celle du redoutable « Roc Salé », où plus à l'Ouest s'engouffre l'Arbonne en des poches d'eau qui projettent périodiquement sur Bourg leurs sinistres débâcles. Ainsi, du fait du bas niveau de l'Isère et de la présence de ces gypses, le St-Bernard apparaîtra comme un fils du Reclus.

Il n'en demeurera pas moins comme un haut seuil, une section de vallée, perchée dans l'axe de la grande vallée longitudinale de la Moyenne-Tarentaise et du

---

[1] Une source d'eau chaude souterraine y circule à une faible profondeur sur la rive gauche du Reclus, face à Saint-Germain, pour aller se perdre dans les prairies du bas. En hiver, elle se signale par d'abondantes vapeurs et hâte sur son tracé la fusion des neiges.

Val-d'Aoste en amont de Pré-Saint-Didier. Les *glaciers* eux-mêmes n'auront que faiblement contribué à son creusement. Les glaciers locaux des abords immédiats l'ont sûrement occupé et enfourché de leurs masses conjuguées ; mais celles-ci furent contenues longtemps et comme chambrées par la masse bien autrement importante des grands glaciers alpins dévalant d'une part du Val-de-Tignes et de l'autre, du Mont-Blanc par Entrèves et Courmayeur, pour remplir toute la vallée de l'Isère et tout le fossé du Val-d'Aoste jusqu'à 2000 m. au moins. Sur le versant savoyard, les étapes du retrait de ce grand glacier peuvent se suivre aux Plans du Crétet, du Gerbier et à Planardin, témoins déformés des principales oscillations du niveau de cette énorme mer de glace en régression. De même cet épaulement latéral sur la rive droite du Reclus, qui porte le Mt-Villaret, Combautier et les Cantines et où reposent les goulots des cirques et entonnoirs du Clapey et du Creux des Morts, semble être un fragment de la même vallée suspendue. Les petits glaciers locaux du Mt-Valaisan, de Belleface et du Creux des Morts se retiraient en même temps, rentraient leurs cornes pour se blottir dans la coquille de leurs cirques originels, ne laissant de leur séjour temporaire au col que l'empreinte de leur guillochage. On la retrouve, sur les flancs, dans le petit lac asséché proche de l'hospice ; dans la vasque du lac Verney sur le versant E. ; et plus haut, dans les lacs de cirque du Valaisan et le Lac sans Fond de l'admirable « coup-de-pouce » imprimé dans la paroi qui sépare Belleface de Lancebranlette. Le Reclus, qui naît au col, en reçoit encore ses premiers affluents : il est leur commun émissaire.

Autrement plus nette est cette empreinte glaciaire dans le fond de la vallée du col. Tandis que la base des versants aligne une succession de verrous et d'éperons plus ou moins émoussés mais tous arrondis en croupes, moutonnés en dômes de verdure en été, taupinières de neige en hiver, le fond de cette auge est littéralement jonché d'un semis de bosses, complaisamment modelées par le glacier.

Plus caractéristique encore est la présence de deux échines rocheuses se relayant dans l'axe même du col, pareilles à celles qu'on observe à la naissance des torrents dans la plupart des cols alpestres visités par les glaciers. La première, profondément détachée du pied des versants par le recreusement remontant du Reclus, est celle du Plan Gerbier. Longue d'un km., elle s'élève doucement en contrepente et vient présenter à l'aval son front à la hauteur de la cantine du Creux des Morts où, suivant la loi du modelé des verrous, elle se termine par une pente brusque, en un à-pic constituant un merveilleux belvédère par-dessus la gorge du Reclus et la plaine de Bourg. L'autre, plus modeste mais de même style, en instance de formation, est la croupe même qui, escaladée par le dernier lacet de la route, porte le monument de St Bernard et l'hospice, isolée par le ruisseau du lac Longet au S., par celui des Lanches au N., se rejoignant un peu en aval du pont de pierre pour former le Reclus. L'échine du Gerbier est isolée à son tour par le Reclus au S., et au N. par un autre affluent recueillant les eaux des entonnoirs de Ste-Barbe et du Creux des Morts, le Boteillon.

Ces torrents s'encaissent rapidement à l'aval ; de part et d'autre du plan Gerbier ils constituent comme deux abîmes où la raideur des pentes et l'absence des bois rend les avalanches particulièrement dangereuses. Leur tracé n'est manifestement qu'une voie d'emprunt, celle des gouttières latérales creusées à l'origine par le glacier du col et ses torrents sous-glaciaires, dont le Reclus aujourd'hui poursuit l'œuvre d'affouillement mais avec des moyens diminués.

Somme toute, les glaciers auront beaucoup plus préservé le col qu'ils n'auront contribué à l'abaisser par le sapement de ses versants. D'où vient que son modelé actuel, au lieu d'être celui d'un seuil à arête vive et à versants immédiatement raides, « où arrivé au faîte on aspire à descendre » aussitôt, est nettement celui d'un dos d'âne surbaissé et prolongé sur environ 6 km. Le col pratiquement commence à 1.850 m. à la cantine du Creux des Morts et à la bosse du Plan Gerbier, pour s'élever par paliers successifs jusqu'à la ligne de faîte presque insensible de la Colonne-Jou, à 2.188 et à 1.200 m. au-delà de l'hospice et expirer vers la 1re cantine italienne, sur l'alignement du Belvédère. Sur ce trajet, de nombreux ravins latéraux, peu ou point ébauchés par les glaciers locaux, ont pu s'établir sur les flancs raides de « la vallée en *U* », normalement à son fond relativement dilaté et plat, pour se recueillir dans les gouttières du pied des versants et se couder brusquement dès qu'ils cèdent à l'appel de la pente du Reclus ou de la Dora du Verney.

Le St-Bernard est donc une vallée perchée, ménageant la surprise de ce que les montagnards appellent un peu trop vite mais avec bien des raisons « une plaine », dans le sens d'une large rupture de pente ou d'un palier longuement poussé et contrastant fort avec la rudesse des pentes à l'aval et aux abords. Il y aurait moins d'équivoque à adopter le terme de plateau, d'autant qu'il est entré dans l'usage. Le langage courant le désigne en effet sous le nom de « plateau du Petit-St-Bernard », tout comme on dit le plateau du Mont-Cenis, de Mégève, des Aravis, de la Vanoise, d'une foule d'autres cols alpestres de même origine et de même aspect ; des plateaux où dorment des laquets, où s'attardent en des marais les eaux de tête des torrents naissants et encore incertains de leur chemin ; des plateaux fort accueillants et qui invitent au repos, délassants à souhait pour qui vient d'affronter l'escalade des versants et les fatigues de l'ascension.

C'est pourquoi ces fragments de vallée demeurés perchés ne sauraient être franchis d'une seule enjambée. Ils ne sont pas de simples « pas aériens », ni des inflexions d'arêtes dressées en lames de rasoir par l'érosion remontante de deux torrents opposés : ce sont plus généralement des entailles profondes prises dans l'épaisseur de la montagne à leur niveau, des tranchées fort poussées et dégagées. Cette particularité n'avait pas échappé à Catinat lorsqu'il répondait vers 1690, au cours de sa remarquable campagne dans les Alpes, à qui lui conseillait d'en fermer tous les cols : « L'on s'imagine, parce que cela s'appelle cols, que ce n'est qu'un trou à boucher par où il faut passer. La plupart des cols sont des entre-deux de montagnes qui ne laissent pas d'être fort larges et ouverts. La peine est d'y monter et d'en descendre [1]. »

---

[1] Perreau : *Epopée des Alpes*, I, p. 295. — Cité par Marcel Blanchard : *Les Routes des Alpes Occidentales à l'époque napoléonienne.* Thèse, p. 120 ; Grenoble, 1920.

## 2° Le Pittoresque.

On a défini un col le point d'intersection de deux courbes ou deux lignes : l'une concave, l'autre convexe vers le ciel ; ou encore, le point à la fois le plus haut et le plus bas d'un passage en montagne. La courbe concave est celle que décrit l'arête de la chaîne montagneuse au point où elle s'infléchit sur le tracé du col pour se relever aussitôt. Il va de soi que le col marque le point le plus bas entre les deux montagnes qu'il sépare. La courbe convexe est celle du tracé de l'ascension du col, de la base d'un versant à celle de l'autre, ou de celui des deux torrents qui en dévalent en sens opposé. La ligne de partage des eaux ou des eaux pendantes, par rapport à leur bassin ou à l'itinéraire de l'ascension, est manifestement leur point commun le plus élevé.

Sur la ligne qui relie ses hauteurs bordières de Lancebranlette à 2.936 m. au N. et du Mont-Valaisan, 2.879 au S., les 2.188 mètres du col accusent une dépression des plus sensibles. Le contraste s'affirme bien davantage si l'on ne veut voir que cette altitude culminante entre les 812 m. de Bourg et les 1.441 de la Thuile, les deux points de départ de son ascension immédiate. Le col du Petit-Saint-Bernard apparaîtra comme un honnête perchoir, servi par un pittoresque fort appréciable. Ses deux voisins qui le dominent bornent bien fâcheusement son horizon, il est vrai, et cette infortune est mal rachetée par l'impressionnante audace de la pointe de Lancebranlette présentant au col sa face aimable et toute gazonnée, tandis que le Valaisan, moins élevé, est plus raboteux, plus dénudé et raviné, à mine plus austère. Pour les chercheurs de beauté, le col, à l'hospice, est une véritable déception. C'est un couloir sévère entre le flanc S. et uniforme de Lancebranlette et l'implacable muraille lézardée qui de la Redoute Ruinée court par le Valaisan jusqu'au Belvédère déjà italien. Toutefois l'entaille du col entre ces deux môles ménage une superbe échappée sur le massif des Alpes de Tarentaise et de Maurienne.

Vers le N.-O. la vue est fâcheusement bornée par l'éperon du plan Crétet et par l'épaulement de Combautier qui dérobent aux regards non seulement toutes les hauteurs méridionales du Beaufortain, mais encore, la bosse du Gerbier aidant, la plaine de Bourg et le fossé de la Moyenne-Tarentaise. A son tour la Redoute-Ruinée cache le Mt-Pourri et son étincelante carapace glacée, pour n'en découvrir que la base et les sapinières ornant l'entrée de la gorge de Peisey. Mais, dans l'intervalle, jaillissent au premier plan les splendeurs de la Belle-Côte, de l'Aiguille du Midi, prolongée jusqu'à Moûtiers par le remarquable promontoire du Mt-Jovet qui s'enlève d'un bond entre l'Isère et le Doron de Bozel. Derrière et par-dessus cet écran se profilent en coulisse les chaînes audacieuses, toutes parallèles N.-S., du massif des Belleville, depuis l'Aiguille du Fruit entre St-Bon et les Allues, jusqu'à celles des Avanchers. Le fond du tableau est figuré par la déjà lointaine cordillère de Belledonne, le Grand-Coin de Montpascal et l'apparition des Grandes-Rousses.

Vers l'Italie, on voit surgir la tête dénudée de deux

falaises grisâtres et en coulisse : le Mt-Favre et le Grand-Bézier. Ce n'est qu'une amorce et une invite à s'avancer jusqu'au col même. Dès que l'hospice est dépassé de 200 m., c'est une série de joyeuses apparitions : à gauche, le Verney d'abord, puis l'Aiguille-Noire du Mt-Blanc, le Mt-Blanc lui-même avec son dôme de glace et sa face italienne escarpée et nue, enfin toute la dentelure de la frontière, de la Seigne à Lancebranlette, où les sombres pyramides rocheuses s'étreignent de leurs bavettes de glace.

Ce n'est là, bien entendu, qu'un avant-goût des merveilles réservées aux simples excursionnistes qui, partis du col, tenteront l'ascension facile de Lancebranlette ou du Valaisan. Une piste bien battue dans les pâturages du torrent des Lanches conduit aisément au premier à 2.933, couronné par un petit cornillon plus malaisé qui en porte le sommet à 2.936. C'est l'observatoire idéal et tout à fait « première-loge » en vue du massif du Mt-Blanc et qui permet d'en saisir tout le détail sur le versant italien, depuis le déjà lointain Mt-Dolent à l'E. jusqu'à la pyramide si caractéristique de l'Aiguille des Glaciers à l'O. Celle-ci est précédée de la pointe du bien nommé Miravidi à 3.050 m. environ et visible déjà de Bourg-St-Maurice à la faveur de l'échancrure du Versoyen.

*Miravidi* : j'ai vu des merveilles, est le nom latin donné à ce sommet par le chanoine Chanoux, ancien recteur du P.-S.-B., afin de rappeler l'admirable panorama qu'il permet d'y découvrir. Mais ses émules abondent : la pointe du Léchaud au N., celles du Breuil au S., de l'Hermite et du Fourcla, qui toutes jalonnent l'arête frontière à 3.000 et plus, de la

Seigne au P.-S.-B., trônant au-dessus des glaciers que le soleil a lampés sur le versant français pour les mieux respecter sur le versant italien plus mal exposé et refroidi par le voisinage du Mt-Blanc.

Non moins bien favorisée est la crête de la muraille du Valaisan. Son extrémité occidentale à la Redoute-Ruinée a la forme d'un bastion naturel qui commande le col de Traversette, 2.409 m., et permet de fouiller tout le bassin du Reclus et ses avenues en Tarentaise. Il ne faut pas la confondre avec les vestiges des retranchements sardes, plus à l'E., un souvenir des guerres de la Révolution. Ses baraquements accueillent chaque été une compagnie de chasseurs alpins en place des deux gardiens civils qui en assurent la surveillance l'hiver. Vers le S. le Valaisan, sur la frontière, se soude au massif de la Louïe-Blanche et au Ruitor, tandis qu'il achève de se pousser en potence à l'E. jusqu'au Belvédère, le bien nommé, à 2.642 m. Ce dernier a vue sur le Ruitor, le Grand-Assaly et toute la série des falaises dentelées qui s'arc-boutent contre le massif du Mt-Blanc et les Alpes Pennines du Valais. L'uniformité apparente de cette muraille dissimule une succession de niches où les neiges tardives prennent la place des glaciers locaux qui les ont entaillées. Les eaux du ruissellement viennent s'y entonner dans la Belle Combe, la Bella Valletta des Italiens, pour y former le torrent du pont de la Marquise ; dans la Confla Tardiva, congère rarement libre de neige, et dans le cirque où sommeille le lac Longet dont l'émissaire servait jadis de frontière et traverse aujourd'hui le jardin alpin, la Chanousia.

A côté de ce domaine des ascensionnistes ou moyens

alpinistes, le P.-S.-Bernard réserve leur part aux modestes, rebutés par l'escalade des arêtes ou la conquête des pointes dures. C'est d'abord la visite du Lac-Sans-Fond, à la base du cirque ouvert entre Belleface et Lancebranlette. Ce lac d'excavation et de fond de cirque glaciaire alimente un canal d'irrigation à l'usage des pâturages échelonnés sur l'épaulement des Cantines et du Clapey, quand la sécheresse, après le départ des neiges, menace d'en griller le gazon. S'il ne justifie guère son nom aujourd'hui, il est également douteux que son comblement progressif lui ait maintenu l'étendue des cinq journaux, deux cent toises, huit pieds d'une statistique de 1805 ; la même qui attribue un demi-journal « à celui contre (près de) l'hospice, » actuellement comblé donc fossile, et qui avec le précédent, « forme le Reclus, sans compter divers autres dans les sommités. » (L. 556.)

### 3° Les « Curiosités » du Col.

Les timides et ceux qu'épargne la tarentule des sommets auront la ressource point décevante de s'attacher aux curiosités naturelles et archéologiques du col, à ses constructions et aux autres créations modernes comme aux souvenirs du passé.

Le col, avons-nous dit, commence pratiquement à la *Cantine du Creux des Morts*, au droit de la bosse terminale du Plan Gerbier et de la naissance de la gorge du Reclus. Cette cantine, dont le titulaire est à la fois et sans jeu de mot cantinier et cantonnier, est d'institution départementale. Véritable cube de pierre sous un toit plat aux lauzes massives, blotti à la base d'un éperon émoussé qui le défend contre les avalanches, c'est une auberge, un poste de secours et un refuge en cas de mauvais temps avec dépôt de raquettes à l'usage de ceux qui, malgré la neige, ne s'y peuvent pas attarder. Son préposé a pour mission officielle d'entretenir le chemin de St-Germain au col en été, d'en marquer la piste avec des perches sur la neige en hiver et de prêter secours aux passants en détresse. Les murs de la salle de l'auberge s'adornent, comme il convient, de multiples diplômes de sauvetage encadrant une citation à l'ordre du jour de la dernière guerre.

C'est dans son voisinage, au lieu dit la Colonne (Carte d'E. M. français au 80.000ᵉ), près du km. 37 du vieux chemin, que se trouve le culot d'une première colonne romaine, peut-être une pierre milliaire. La base fichée en terre est quadrangulaire et brute ; au-dessus, la partie cylindrique mesure $0^{m},40$ de hauteur avec un diamètre de 0,55. Le sommet brisé fut retrouvé, en septembre 1880, par E. Borrel, dans le ravin du Boteillon en contrebas où il avait dû rouler. Ce dernier fragment, long de 1,60 avec pour diamètre 0,54 à la base et 0,50 au sommet, conférait à la colonne entière une hauteur de 2 mètres [1].

De cette cantine à l'hospice la distance est de 4 km., un jeu en été et par beau temps, une éternité et un casse-cou par temps de neige molle ou de tourmente. C'est pourquoi la présence d'une seconde cantine s'impose à mi-chemin : celle de *Ste-Barbe*, de même

---

[1] E.-L. Borrel : *Les Monuments anciens de la Tarentaise* ; in-4°, 334 p. ; Paris, Ducher, 1884.

allure, avec un rôle identique, sauf qu'elle a demandé sa protection contre les avalanches à une arête latérale qui a pour propriété de diviser les coulées de neige sans toucher à l'édifice. Les passants n'ont pas eu tant de respect. Sur ces hauteurs, les hommes sont parfois plus malfaisants que les éléments. La mobilisation de son titulaire, d'ailleurs mort au début de la guerre, a provoqué la fermeture de Ste-Barbe. Un crédit de 4.000 fr. était sur le point de l'aménager en un poste de gendarmerie pour la belle saison, quand un incendie, allumé par la malveillance, en mars 1923, en a fait une ruine. Toutefois, la masure est réparable ; il conviendrait, à cet effet, de ne pas attendre le coup de grâce des intempéries ou le vol des matériaux utilisables. La prairie, aux alentours, porte quelques menus chalets et des abris pour bergers, disparaissant entièrement sous la neige en hiver.

Un peu en amont, et toujours sur le bord du chemin, au 40$^{e}$ kilom., et au lieu dit le Pélonnet, gisent séparés les deux morceaux d'une deuxième colonne. D'un diamètre de 0,45, l'assemblage des fragments lui assure également une longueur de 2 mètres. Elle est faite, comme la précédente, d'un tuf calcaire, comme celui que nous retrouverons dans le piédestal du monument de S$^{t}$ Bernard, mais plus probablement d'un bloc de cette cargneule triasique, caverneuse et soluble, qui abonde dans le talweg du Reclus. Roche rugueuse, elle se prête mal au polissage et ne comporte pas d'inscription.

Après le pont de pierre qui permet au vieux chemin d'enjamber le Reclus naissant et de rejoindre la grand'route, on arrive bientôt à la butte allongée dans l'axe du col, celle qui porte l'hospice et que la route escalade par un dernier lacet. Un peu avant la courbe du lacet se trouve le bâtiment du poste de la douane française, ouvert l'été seulement. Sur le front de la butte, s'élève un premier monument étrange, à qui ses niches donnent des airs d'oratoire et que plus d'un guide et non des moindres présentent comme tel. Bloc de maçonnerie quadrangulaire, plaqué sur le haut de dalles en faux toit, chacune de ses faces en effet offre une niche à hauteur d'homme, à l'usage non pas d'un saint mais d'un sujet animé et qui n'inspire pas nécessairement la vénération : le douanier de faction pour la surveillance du transit sur la route et le vieux chemin qui viennent s'aboucher à ses pieds. Ces niches font l'office de guérites de factionnaires en cas de mauvais temps ; elles leur permettent de tourner le dos au vent d'où qu'il vienne, sans quitter leur poste et sans manquer à leur consigne : c'est le « *Monument des Quatre-Vents* ».

Aussitôt après, sur la gauche de la route, se dresse le dernier bâtiment français : l'*Hôtel de Lancebranlette*, à 2 étages, modeste mais fort accueillant, précédé d'un vaste baraquement en planches à l'usage des voyageurs les jours de grande affluence. Puis, surgit sur la frontière, une première *statue monumentale de S*[t] *Bernard* qui, fort à propos, souhaite la bienvenue aux voyageurs arrivant de France. En fonte bronzée elle mesure 4 m.50 et sort, comme sa sœur jumelle du G.-S.-Bernard, des ateliers Blondeau et Sénart de Paris. Son piédestal, œuvre de la maison Ginet de Grenoble, la porte à près de 17 m. Elle fut inaugurée le 31 juillet 1902 en présence des autorités religieuses et civiles des deux provinces frontières, du prévôt du G.-S.-B., du recteur du P.-S.-B., le chanoine Chanoux et de plus de 2.000 personnes dont 300 de Séez. Après un panégyrique du saint par le P. Messelod, la statue fut bénite par Mgr Duc, évêque d'Aoste.

## *L'Hospice.*

Mais déjà l'Hospice est en vue à quelque 100 m. de là, allongé sur le bord gauche de la route, avec pour vis-à-vis une dépendance plus modeste et comme écrasée sous un toit bas et largement ouvert, la remise et le garage. L'hospice est de constitution massive, robuste et bien venue, parfaitement adaptée à la montagne et aux sévères intempéries d'un col de grande altitude. Ce grand cube de pierre pousse sa maçonnerie jusqu'au toit avec la précaution de ne pas se laisser déborder pour ne point donner prise à la *tourmente.* Le toit plat qui étonne parce que se prêtant mal au glissement des neiges est cependant une nécessité imposée par sa couverture de lauzes cimentées et assez massives pour ne point céder à l'arrachement par les vents. De même les cheminées en émergent timidement mais trapues afin de mieux résister et ne pas provoquer l'amoncellement des neiges et la surcharge d'une toiture déjà assez accablante en dépit de sa solidité.

La monotonie de cette demi-terrasse a été rompue en 1922 par l'addition, sur le côté français, d'un petit édicule, aussi utile que peu gracieux : l'observatoire météorologique. Cette installation somptuaire dont la dépense se chiffre par quelque 100.000 fr.

prend naissance dans les combles pour de là pousser dans les airs ses 4 étages en béton armé et planchéié, reliés par un escalier en escargot. On y peut admirer un outillage des plus modernes et qui fait honneur aux organisateurs : anémomètre, baromètre, thermomètre, pluviomètre, nivomètre, tous enregistreurs automatiques ; d'autres appareils plus simples tels que thermomètres divers, baromètre Fortin, etc. Le tout, irréprochable, constitue une installation modèle, appelée à rendre les plus grands services, mais à qui il ne manque que de fonctionner ; car ces appareils enregistreurs sont une garantie à condition d'en surveiller le fonctionnement des plus délicats. En tout cas ils ne sauraient dispenser d'une confrontation suivie avec des instruments plus simples et mieux en main dont l'observation ne dépasse pas la compétence d'un établissement consciencieux et bourré de personnel.

Le pignon sur le côté italien s'orne d'un balcon belvédère assez mal venu, car la vue qu'on y découvre est des plus restreintes par l'obstacle des Lanches de Lancebranlette, du Belvédère et du col lui-même. Il a de plus l'inconvénient en hiver de servir de réceptacle aux neiges qui viennent s'y souder à l'épais capuchon du toit.

L'hospice comporte un rez-de-chaussée réservé aux services et trois étages, ajourés chacun de 10 fenêtres grillagées, petites mais doubles pour mieux résister au froid, sur la façade principale, de 3 seulement sur les pignons. Le 1er est occupé par les salles de réception des voyageurs, les bureaux, salons, bibliothèques, l'office et divers services. On y accède par deux escaliers extérieurs avec perrons. Au second est l'appartement du Recteur, la chapelle et les chambres des voyageurs ; au 3e d'autres chambres encore qui toutes, comme les précédentes, sont placées sous le vocable d'un saint valdôtain ou savoyard, d'un personnage historique de la Maison Royale ou d'un insigne bienfaiteur de l'hospice.

L'ensemble est sévère, du style de tous les palaces de montagne, à pièces minuscules, avec plafonds bas, des systèmes de fermeture parfaitement étanches, encore que les baies y dispensent luxueusement la lumière radieuse et un peu crue de la belle saison ou d'un soleil éblouissant sur la neige, quand les menaces de l'orage ou la tourmente aveuglante n'obligent pas à recourir à la lumière électrique produite sur place.

L'ornementation est moins originale. Sur la façade s'étalent d'abord l'enseigne à peine utile de l'*Ospizio Mauriziano del Piccolo San Bernardo*, avec, au-dessous, 3 plaques aussi indiscrètes rappelant, l'une, la refonte de l'hospice sous Victor-Emmanuel II en 1858, l'autre plus sobre et d'un beau granit marbré, la mémoire du vénéré recteur Chanoux, et la 3e, l'inauguration de l'observatoire météorologique en 1922. Son fonctionnement serait mieux apprécié. A chaque étage, les clefs de retenue des murs de l'édifice disparaissent sous une profusion de croix en marbre blanc, d'un meilleur goût, et rappelant la croix blanche de la Maison de Savoie : l'utile se parant d'agrément.

A l'intérieur, au 1er étage, la salle d'hôte aux murs tendus d'une boiserie claire, au surplus bien éclairée, a un air avenant. Le portrait obligé du roi n'y fait point oublier la belle tête chenue et méditative du chanoine Chanoux. La chapelle est prise dans l'espace de 2 cellules dans les 2 étages supérieurs, ce qui est loin d'en exagérer les proportions. La porte du 3e étage ouvre sur la tribune, des plus minuscules, à la hauteur des trois estimables tableaux qui font toute la parure du lieu saint, encore qu'ils fourmillent de contre-vérités historiques. Celui du fond, au-dessus de l'autel, représente un St Bernard en chappe, la crosse à la main, la tête dédoublée d'une étrange tonsure monacale, recevant la bénédiction de son évêque avant de partir pour son expédition libératrice du Grand-Saint-Bernard. A gauche, l'œuvre de Giani, 1859, retrace la scène classique d'un sauvetage dans la neige par trois religieux du Saint-Bernard, accoutrés en capucins. Ainsi le veut la légende amie de l'anachronisme et obstinément dédaigneuse de l'authentique habit des moines du Saint-Bernard, en soutane noire et bonnet carré. Le 3e, en face, représente en costumes modernes une Visitation.

Tel quel, l'hospice est le résultat d'un grand nombre de retouches imposées par le nombre croissant des passants et des visiteurs, par les besoins du confort moderne, comme par les réparations incessantes nécessitées par les assauts concertés de toutes les intempéries, car sa robustesse ne l'en prémunit jamais totalement. Reconstruit en 1712 par le prieur Duclos après l'incendie allumé par les troupes françaises de la Hoquette en 1691, il fut de nouveau saccagé lors de l'occupation du col par les révolutionnaires en 1794, puis converti en caserne de gendarmerie sous l'Empire. Restauré de 1826 à 1836 par l'hôpital Saint-Maurice d'Aoste avec l'appoint des libéralités des gouvernements sarde et français, il n'a reçu sa forme actuelle que sous Victor-Emmanuel II en 1858, sans préjudice pour les menues transformations et additions inspirées par les besoins du moment.

Présentement, son *personnel* comprend en hiver trois hommes, trois femmes... et trois chiens dits du Saint-Bernard. En été, le service des visiteurs le fait monter à seize, parfois vingt personnes. La direction est assumée, sous le contrôle du Conseil d'administration de l'ordre très laïque des Saints Maurice et Lazare résidant à Turin, par un Recteur. Celui-ci, depuis la sécularisation de 1752, qui a chassé les religieux, est invariablement un *prêtre séculier* du diocèse montagneux d'Aoste, donc un sujet désigné par ses aptitudes à la vie de la montagne au choix de son évêque qui le nomme avec l'agrément de la direction de l'Ordre à Turin. Envers elle, il est comptable de la gestion de l'hospice. Sa situation est celle d'un aumônier-économe d'une maison hospitalière quelconque, d'un chapelain comptable et responsable, avec toutes les garanties d'honorabilité que lui confère son caractère, toute la confiance et les libéralités que lui valent auprès des visiteurs aisés son inlassable dévouement, sa rude existence, comme sa proverbiale bienfaisance à l'égard des passants démunis.

Au-delà de l'hospice, sur la droite de la route, un petit oratoire garde pieusement la dépouille du chanoine Chanoux, aux abords de son célèbre jardin botanique alpestre, la Chanousia. Décidément le col est plein de souvenirs « chanousiens » ; ils le débordent et le dominent même jusqu'au Miravidi. L'entrée du jardin est marquée par un petit édifice qui a des allures d'arc de triomphe. Dans l'angle opposé à l'oratoire s'élève, sous l'espèce d'un chalet suisse fort élégant et flambant neuf, le laboratoire de botanique alpine. Au sommet du jardin émerge la statue du chanoine en tenue laïque d'alpiniste. Un peu ridicule lorsqu'en hiver la neige en dérobe le piédestal, elle fait l'effet d'un bronze échappé d'un musée et qui s'essaye à faire du ski. A ses pieds court un ruisseau, émissaire du lac Longet sur les flancs du Valaisan. Il servit de ligne frontière entre Aoste et Savoie, de 1725 à 1862, de même que son vis-à-vis le torrent des Lanches de Lancebranlette [1].

Avec la Chanousia on pénètre tout à fait sur la plaine du col. Jusqu'au point culminant, marqué par la Colonne-Jou, très visible de là, la pente est absolument insignifiante. C'est un véritable seuil et comme le palier terminal, assez brusque cependant pour dérober la vue de l'hospice à qui vient de s'y engager. Sur la gauche de la route une maisonnette dont le rouge badigeon révèle le goût d'outre-monts, est un poste permanent de la douane italienne. Puis, c'est le col, à 2.188 m. et à près de 1.200 m. de l'hospice, mais avec 30 m. exactement de surélévation. Sur la droite de la route se dresse massive et robuste, la Colonne-Jou [2], en roche d'ophite, une variété de serpentine

[1] Lanche ou lance, nom très répandu dans les Alpes de Savoie, signifie montagne pastorale en pointe.

[2] Jou ou Joux, viendrait du latin *Jovis*, Jupiter ; ou de *jugum*, col ou sommet. Ce vocable peut aussi bien avoir un

verdâtre, farcie et veinée de gros grains de quartzite blanche, extraite d'un filon des flancs de Lancebranlette où abonde également l'amiante. Elle est d'une seule venue, monolithique. Privée de son piédestal et de son chapiteau dont l'existence est attestée par la cavité d'attente de ses deux sections extrêmes, elle mesure 4 m. 55 de haut avec un diamètre de 0,66 à la base et de 0,59 au sommet, ce qui l'apparenterait à l'ordre toscan.

Tel serait l'impressionnant témoin du second « geste » de St Bernard au temps où il *dérocha* avec son étole d'archidiacre l'escarboucle ou la statue de Jupiter qui surmontait cette colonne romaine et que les invasions elles-mêmes avaient respectée. Il l'aurait remplacée par le signe de la rédemption, une croix de bois, puis de fer. Ce n'est qu'en 1886 qu'une statue de St Bernard, prise dans un bloc de mélèze et due au ciseau du chanoine Chanoux, y fut placée, donnant ainsi sur le versant italien une réplique anticipée à la statue monumentale qui à l'autre bout du col accueille les voyageurs et touristes français. A vrai dire, ce n'est pas ce qu'a fait de mieux le vénéré chanoine. La facture en est gauche : le saint chauve et barbu est visiblement embarrassé de son bâton d'archidiacre, tandis que les intempéries ou la mal-

---

air de parenté avec les formes très communes de : joie, joly, jor, jorz, jorat, jorasse, jura, etc., synonymes de montagne boisée ou simplement gazonnée, comme c'est ici le cas. Il y a là un jeu intéressant et inoffensif qui ne s'oppose pas nécessairement à la légende d'un monument à Jupiter, encore moins à l'exploit libérateur de St Bernard (Désormaux : *Sur l'étymologie du mot Joux*. — *Revue Savoisienne*, 1923.)

veillance ont amputé de la main le bras gauche qui se tend lamentablement dans la direction de l'hospice.

*Le Cromlech :* — A 143 m. de la Colonne se développe un vague cromlech qu'on est convenu d'appeler le Cirque d'Hannibal. C'est un cercle elliptique dont les axes mesurent 84 et 73 m. ; il est traversé par l'ancienne et la nouvelle routes. Sa courbe, à en juger par les pierres non enlevées ni déplacées, était formée d'un ensemble de 63 pierres brutes de 1 à 1 m. 20 de haut sur 0,30 à 0,50 de large, toutes distantes de 3,91. Il en reste 46. La plupart sont couchées sur le sol, d'autres encore debout. Les premières auraient été renversées par les légions de passage, par les Barbares, les armées, les touristes vandales, les chercheurs d'or, les bergers, sans compter celles qui furent brisées et emportées pour les besoins de la construction. Elles encadrent une légère dépression et non pas un tertre. Il n'y faut donc point voir la barrière sacrée d'un tumulus, mais peut-être bien un camp de réunion à l'usage des alliés des deux versants, les Salasses et les Ceutrons. (Borrel, *id.* p. 10.)

Un peu au-delà, une dernière maisonnette, la 3e cantine italienne, à 2.179 m., face au petit lac Verney, à 2.085 au pied E. de Lancebranlette, marque le terme de la série des constructions de ce « chemin bâti » qu'est la route sur le col et qui toutes, en deçà de l'Hôtel de Lancebranlette, sont situées sur territoire italien.

## 4° La Frontière au Petit-Saint-Bernard.

Ainsi donc, par une entorse voulue au principe ou dogme politique des frontières marquées par les eaux pendantes ou par la ligne de partage des eaux, le col proprement dit du Petit-Saint-Bernard est entièrement italien. Englobant l'hospice et le monument, la frontière pousse sur le versant français une hernie de 1.200 m., par la grâce de Napoléon III et par son incurable coquetterie à l'égard de sa pupille transalpine. Le larcin fut consommé par la délimitation de 1862, d'autant moins excusable qu'elle venait de consacrer l'abandon à l'Italie, de l'hospice, du lac, des pâturages des gens de Lanslebourg, de tout le plateau du Mont-Cenis, sans souci des conflits toujours plus aigus qui s'élèvent chaque année entre les exploitants et l'autorité militaire italienne à l'occasion des tirs de guerre coïncidant avec la saison des alpages. Toutefois, on avait ici respecté la fiction des eaux pendantes. On n'eut point tant de ménagements au Petit-Saint-Bernard, à seule fin d'annexer l'hospice et ses hauteurs en bordure, de commander la route et de tenir militairement le col : un cas entre mille où le réalisme italien à triomphé du sentimentalisme français, en l'espèce véritable chantage à la charité, le même qui, au nom du « sacré égoïsme national », refusera de restituer à Chambéry les archives savoyardes détenues à Turin.

En vérité, cette poussée de réalisme a des origines

locales et lointaines[1]. Elle n'a fait que sanctionner une série d'empiètements des Valdôtains sur les alpages du col et terminer, au détriment des gens de Séez, une querelle de chalaisans et de bergers.

Les archives communales de Séez nous apprennent que vers 1715, à l'occasion d'une épidémie qui frappait bêtes et gens, les Valdôtains obtinrent du roi Victor-Amédée II, d'élever près de l'hospice « des barrières que les habitants de Savoye ne pourraient outrepasser ni avec leur personne ni avec leur bétail, et ce, pour prévenir toute communication de la contagion qui désolait alors le païs ». Les gens de la Thuile d'Aoste en profitèrent « pour s'impatroniser de tout le territoire et pâturage qui nous appartenoit au-delà des barrières nouvellement plantées. Ils y conduisirent leurs troupeaux et y construisirent des chaleys, comme s'ils avaient dû en rester toujours les maîtres. Et pour mieux se fixer dans leur nouvelle usurpation et faire oublier jusqu'où pouvoient s'étendre nos anciens droits de propriété, ils arrachèrent toutes les anciennes limites qui traçoient (à la Colonne-Joux) la ligne de démarcation immémoriale ».

Quand en 1724, après l'épidémie, les gens de Séez purent forcer les barrières, ils s'empressèrent de reprendre possession de leur montagne et d'interrompre ainsi la prescription. L'opération ne se fit pas sans heurt. Les Thuilains « nous empêchoient de conduire nos bestiaux sur nos pâturages au-delà de l'ab-

---

[1] Mémoires Académie de la Val d'Isère, nouv. s., II : *Le Grand et le Petit-Saint-Bernard*, par Favre et Révial, p. 87 ; Moûtiers, 1913.

baye à cause des deffenses et des corps de garde et barrières qu'il y avait dans l'interruption, à la fin de laquelle nous les avons conduits en pâture et continué notre possessoire comme auparavant, et ce n'est que depuis lors qu'ils ont commencé à nous chagriner en anticipant de peu à peu et insensiblement. Ils y ont envoyé bon nombre de bergers forts et vigoureux, qui maltraitent les nôtres qui ne sont pas en aussi grand nombre, lesquels ils chassent tous les jours avec nos bestiaux, à coups de bâton, de pierre et même avec des armes, en ayant déjà blessés et offensés plusieurs ».

Le procureur de la montagne, Jacques le Sourd, au nom des communiers de Séez et Saint-Germain, assisté du châtelain du comté de la Val d'Isère, porta plainte au roi. Celui-ci aussitôt chargea le sénateur Joachim de la Grange, gouverneur du duché d'Aoste (!), de régler et de rétablir *ipso facto* dans leur possession les suppliants. Naturellement ses administrés de la Thuile n'eurent pas de peine à le « circonvenir et réussirent à surprendre sa religion ». En dépit de tous les droits et reconnaissances passées, remontant à l'octroi des franchises de Saint-Germain en 1259, et des dépositions les mieux motivées, son intervention aboutit à une transaction. Elle fixait la limite de l'alpage en litige, à mi-chemin entre la Colonne-Jou et les barrières sanitaires proches de l'hospice, sur le tracé des ruisseaux du lac Longet et des Lanches. C'était pour Séez une perte sèche de 500 journaux de pâturages. Une grande croix de bois, encore debout en 1913, rappelait le souvenir de cette frontière, alors purement pastorale, communale et provinciale.

Elle persista de 1725 au 24 avril 1794, c'est-à-dire jusqu'au jour où les troupes de Kellermann et de Badelaune délogèrent les Sardes de leurs retranchements et les chassèrent du col. Les trois bornes de la nouvelle frontière républicaine et nationale, portant *Rép. Fr.* d'une part, et la *Croix de Savoie* de l'autre, furent reportées, l'une sur la rive gauche du torrent, près de son embouchure dans le lac Verney, l'autre sur la bosse qui domine le lac et la 3ᵉ à l'expiration de l'arête descendante du Belvédère, donc toutes trois sur le versant valdôtain. Après le traité de Chérasco en 1796, qui consacrait l'annexion de la Savoie à la France, cette frontière de 1794 entre les deux pays fut maintenue, mais les commissaires de la délimitation de 1797 maintinrent aussi celle de 1725 comme frontière communale et pastorale entre Séez et la Thuile, à seule fin d'être agréables aux Valdôtains devenus sujets de cette République Cisalpine, une annexion à peine déguisée, qui fut proclamée à Campo-Formio.

Rien ne fut changé sous l'Empire, la frontière politique de 1794 étant devenue simplement celle des deux départements du Mont-Blanc et de la Doire (ch.-lieu Verceil, avec tout le val d'Aoste). La restauration des deux duchés de Savoie et d'Aoste en 1814 la réduisit à une limite provinciale mais en la ramenant en deçà sur la limite pastorale de 1725 jusqu'à l'annexion de 1860.

On sait d'autre part que les tendresses impériales en 1862 la firent fléchir encore d'un bond sur le versant français, la décollant de la ligne des ruisseaux des Lanches et du Longet pour laisser à l'Italie toute la Chanousia que ce dernier traverse, ainsi que l'hospice. Trois bornes y furent aussitôt plantées : l'une sur le chemin qui devint la route nationale dix ans plus tard ; les deux autres de chaque côté, dans la prairie en bordure. Il subsiste une anomalie à rebours de celle d'entre 1794 et 1797. Comme au plateau du Mont-Cenis, demeuré propriété communale de Lanslebourg, mais en territoire italien, la limite pastorale et communale de 1725 entre Séez et la Thuile a été respectée, et bien qu'italienne, toute la partie à l'ouest des Lanches et du Longet, jusqu'à la limite des bornes frontières, relève du fisc français.

## 5° L'Hiver au Petit-Saint-Bernard.

Il est certain que cette frontière et sa doublure intercommunale ne sont opérantes et n'ont d'intérêt que pendant la durée de l'alpage et de la belle saison qui est aussi celle de la grande circulation. L'hiver et la neige se chargent d'y dresser d'autres obstacles. La frontière alors c'est toute la montagne du St-Bernard, et sa borne, pour lors imposante et blanchie à frimas, c'est le col tout entier au-dessus des habitations permanentes de St-Germain en Savoie et de la Golettaz et la Thuile en Aoste. L'altitude et le climat s'y jouent de tous les caprices de l'homme et il y a toujours témérité à les affronter.

En effet, ce col élevé, aux abords relativement dégagés, est nettement orienté au S.-O. d'où viennent les vents humides de l'Atlantique et au N.-E. par où les hautes pressions de l'Italie septentrionale y engagent les effluves parfois tièdes mais moins humides de l'Adriatique sous le nom de *Lombarde.*

Cette lombarde, connue sous ce nom sur toute la frontière des Alpes de Savoie, ne serait, en réalité, qu'une variété ou une branche du foëhn suisse. Dans le pays, c'est le « vent du Petit-Saint-Bernard ». D'origine italienne il est d'abord froid et sec, mais toujours d'une grande violence au col et dans la gorgé du Reclus. Il se réchauffe rapidement en descendant, donne un peu de pluie, s'adoucit peu à peu et tombe. Il refoule les vents plus humides du S.-O., et les gens disent couramment qu'il empêche de pleuvoir. Au col, c'est lui qui apporte les grosses neiges, amasse toutes les congères, y creusant de remarquables sillons, véritables phénomènes de déflation sur la neige, ou nivelle le sol. C'est le vent de la tourmente.

A défaut d'observations précises en matière de précipitations, l'altitude autorise à doubler et au-delà les chiffres de Bourg-Saint-Maurice, soit une moyenne annuelle de 913 m/m d'eau, y compris celle fournie par ses 2 m. 205 de neige.

La *neige* en effet est une grande et peu enviable spécialité du Saint-Bernard, l'élément particulièrement hostile de cette voie de passage. Les journaux croyaient exagérer en y mentionnant 6 m. le 6 janvier 1924 contre 1 m. 10 dans la plaine de Bourg. C'est 10 m. qu'il fallait dire et plus encore dans les dépressions où elle s'était accumulée. Depuis lors les chutes avaient été rares et faibles ; néanmoins au 22 avril suivant la route en portait encore un matelas épais de 5 m., 3 m. 50 en terrain découvert, c'est-à-dire au col même où la Colonne-Jou haute de 4 m. 55

n'émergeait que d'un mètre. La route était littéralement effacée jusqu'à l'Hôtel du Belvédère à 1.450 m.; seuls, depuis Séez, quelques regards de ses murs de soutènement permettaient d'en suivre le tracé à la façon d'un pointillé perdu dans les blanches sommités de l'entonnoir des Ecudeys. Dans le haut, à partir du Creux des Morts, on pouvait sur plusieurs points enjamber les poteaux télégraphiques hauts de 6 m. Pour accéder à l'hospice, il n'était plus question de monter mais bien de descendre sur le perron au 1<sup>er</sup> étage. Les abords du rez-de-chaussée avaient dû être dégagés à la pelle et depuis la route, ils faisaient l'effet d'une vaste cuve à fond terreux ; de même à la douane italienne. Le 2<sup>e</sup> perron à l'E. était encore complètement enlisé. La remise à un étage en face était totalement nivelée et on marchait dessus comme si elle n'eût pas existé. Sur le côté E. des bâtiments du col, opposant l'obstacle de leurs pignons à la direction du vent nivifère, il n'est pas rare que la neige du sol se raccorde à celle du toit. L'hôtel de Lancebranlette est parfois entièrement enseveli ; pareille aventure est arrivée à l'hospice pendant l'hiver 1919 où six mois durant le niveau a bien voulu se tasser mais pour voisiner avec les fenêtres du 3<sup>e</sup> étage, ce qui représente une honnête couche de 12 m. C'est là un fait de l'altitude, mais plus spécialement du vent du Saint-Bernard, cet implacable niveleur, l'auteur de toutes les congères, les « confles », amoncelées à chaque obstacle.

La durée de l'enneigement continu s'étend environ du 15 octobre au 15 juin, précédée et suivie encore de chutes copieuses d'un mètre parfois, mais qu'un coup de redoux parvient à balayer. Rares sont les années où elle ne tombe pas à tous les mois. La belle saison y est réduite à un trimestre : du 15-30 juin au 15-30 septembre ; encore est-elle tracassée trop fréquemment par de courts retours offensifs de l'indésirable visiteuse. Aux années de grandes chutes, elle ne disparaît jamais entièrement, même des abords de la route, car pour permettre au 1er juillet la circulation des voitures et des services automobiles, il faut presque régulièrement alors ouvrir cette dernière à la pelle, « il faut paller », disent les Valdôtains.

Il n'y a donc pas de surprise à apprendre qu'au 15 novembre 1759 le col était bloqué, rendant inutile l'envoi d'un corps de garde pour en surveiller le passage : « En exécution des ordres de V. Exc., écrit à cette date l'Intendant de Moûtiers à celui de Chambéry, je me suis informé des personnes voisines à la montagne du P.-St.-B. et ils m'ont asseuré que depuis quelques jours elle était chargée considérablement de neige qui étoit tombée dès le commencement de cette semaine, et que le passage en étoit interrompu et par conséquent le détachement y devient inutile. » (Arch. Savoie ; C. 30.) La neige tenait lieu de gendarmes.

On est plus étonné d'y suivre en plein été, le 20 juin 1771, par plus de 3 pieds de neige fraîche, la traversée mouvementée du châtelain Jacques Minoret, dont nous lirons plus loin le savoureux récit. La neige autant que son avantageuse personne y rebutèrent sa monture et il risqua même d'être enseveli sous une avalanche.

Son récit nous dévoile un des grands dangers de l'ascension du Saint-Bernard : *l'avalanche*. Elle y sévit les 3/4 de l'année, redoutable en particulier au cours et à la fin de chaque chute, quand la neige fraîche, non tassée et non gelée en surface, est sans consistance comme sans attache aux parois raides du versant de la rive droite du Reclus. Celui de la rive gauche, moins escarpé, est aussi mieux défendu par les bois et le modelé de son terrain tout parsemé d'un véritable semis de bosses dures et de chicots rocheux dégagés par les anciens glaciers et par le ruissellement, et qui sont autant de clous auxquels s'accroche le manteau neigeux. D'autre part, son exposition au N. achève d'y fixer les neiges qui ne l'abandonnent que lentement et par fusion sur place. Ce n'est pas à dire que les coulées y soient interdites, car une inscription, non loin du col, rappelle qu'elles furent fatales à un détachement de chasseurs alpins. En tout cas, elles sont infiniment plus rares que sur le versant opposé ; et ce fut la raison déterminante de l'installation de la nouvelle route en son tracé actuel.

Si la neige fraîche est à toute époque inquiétante, la période du dégel, de mars à la mi-mai, l'est encore bien plus sévèrement ; sans compter les éboulements divers, les foirages superficiels d'un sol gelé, puis détrempé que le ruissellement de la fonte des neiges précipite dans la gorge du Reclus, en ravinant les chemins et emportant les ponceaux. Les avalanches du Saint-Bernard comptent à leur passif de nombreuses victimes : leur historique s'orne d'un nécrologe luxueusement garni, conférant à la rive droite un avantage aussi peu reluisant qu'enviable, celui notamment de consacrer au Creux-des-Morts, à la base du cirque du Clapey, sa sinistre réputation :

Ce Creux-des-Morts a eu son héros, un modeste, Jean-Antoine David, l'intrépide cantonnier qui durant plus de 30 ans servit sur le chemin de la rive droite. Son sang-froid et son courage sauvèrent la vie à plus de voyageurs qu'il ne compta d'années. Dévoué par nature, David aimait à secourir les passagers en détresse et les tempêtes de la montagne ne l'arrêtaient jamais. Le Saint-Bernard était comme son domaine ; il connaissait l'humeur des orages, il en savait la durée et le degré de violence et prévoyait l'ouragan dans le petit nuage noir pointant à l'horizon. Mais il n'est si bon nageur qui ne se noie. Le 10 décembre 1860, après avoir arraché au danger un passager, ouvrier valdôtain, il voulut se reposer un instant et, tandis qu'il fumait tranquillement sa pipe, une avalanche vint brutalement l'enlever et l'engloutir. Une simple croix de bois rappelait en 1865 cette fin tragique. Il y faudrait une croix de marbre et une inscription en lettres d'or, disait alors F. Despine, le sous-préfet de Moûtiers, pour perpétuer dignement le souvenir de ce vaillant qui refusa constamment la moindre marque de distinction, tant il lui semblait naturel de faire ce qu'il appelait *son devoir*.

Dans ses *Avalanches en Savoie*, Paris, 1922, p. 242, M. Mougin relève outre la précédente, au Creux-des-Morts, l'avalanche du 20 novembre 1798, qui emporta onze personnes et fit deux victimes ; un mort encore le 4 décembre 1869 ; un le 3 mars et deux le 15 décembre 1869 au Ravin du Châtelard ; six le 3 février 1897 à la Combe des Embrasures et deux le 11 mars

1900 sous le col de la Traversette. Celles du 23 décembre 1923 menacèrent sérieusement les Chavonnes et Saint-Germain pour aller ensuite s'abîmer dans le Reclus, emporter son pont, remonter sur l'autre versant et y rafler les bois sur 100 m. de hauteur.

Aux méfaits de l'avalanche il faut joindre ceux non moins redoutables de la *tourmente*, ce vent tourbillonnaire et aveuglant qui, précisément, déclanche la plupart des avalanches poudreuses, superficielles ou volantes, les plus imprévues et les plus meurtrières. Ou bien, déplaçant d'énormes paquets de neige folle ou en poussière, il l'amasse au moindre obstacle, nivelle toutes les rides du terrain, efface les pistes, les sème sournoisement de fondrières où s'enlisent fatalement les voyageurs incertains de leur chemin, déboussolés, aveuglés et transis.

« Ce n'est pas sur une feuille de papier qu'on peut esquisser le tableau des peines qui se rencontrent et du bien qui s'opère à Colonne-Jou. Il faudrait s'y trouver au cœur de l'hiver avec une neige abondante et quand les vents mugissent et tourbillonnent en tous sens. Une voix parvient à se faire dicerner : c'est le cri de détresse d'un voyageur. Allez à sa recherche : il n'est plus de chemin frayé ; un froid glacial engourdit vos membres ; la force du vent vous couche dans la neige ; il est impossible de rien voir, tant le brouillard est épais. Le craquement des avalanches qui viennent s'affaisser à quelques pas de vous étourdit vos oreilles. Toutefois, à force de crier et de lutter, vous trouvez l'infortuné voyageur ; vous réussissez enfin à rentrer avec lui à l'hospice. Alors seulement vous devinerez quelle est la vie de l'hospitalier du

Petit-Saint-Bernard..... [1]. » La tourmente et sa neige folle, voilà bien le grand ennemi et le grand danger du col. Elle y suspend la vie, arrête net les voyageurs et leur signifie trop souvent leur arrêt de mort. Il y aurait folie à se mesurer à une pareille furie. En fin décembre 1923, les passants surpris par ses rafales durent être gardés huit jours à l'hospice et le facteur de Saint-Germain qui fait le service de la poste, un homme joliment entraîné, à toute épreuve, s'abstint pendant douze jours d'y monter. C'est alors du moins que les perches qui jalonnent la piste révèlent toute leur utilité quand elles sont visibles et debout. S'en écarter, c'est s'exposer à perdre la vie.

### 6° Le Reclus.

La neige ne fait pas tout le danger de la traversée du col en hiver. Si elle est particulièrement traîtresse à l'état frais, par temps de tourmente et au dégel, en avril et mai où, outre le danger des avalanches, sa qualité de « neige pourrie » fait qu'on s'y enlise même en raquettes et rend la marche horriblement pénible, elle sait se faire complaisante par temps clair et froid. Durcie alors et comme bétonnée, elle *porte* et permet aux piétons, aux skis et aux luges d'y circuler au moins aussi commodément que sur la route, tandis que les pentes gardent leur manteau, réfrènent la furie des avalanches et que les congères répriment leurs menaces. Mais le dégel au printemps, les pluies

---

[1] Extrait d'une notice communiquée par M. l'abbé Plassier, l'actuel recteur du Petit-Saint-Bernard.

chaudes et les orages de l'été lâchent toutes les brides. Toute la masse neigeuse liquéfiée se précipite en trombe sur la plaine de Bourg par le canal du Reclus et de ses innombrables ravines latérales. Pendant un temps assez court, il est vrai, toutes les menaces suspendues se réveillent : c'est le déluge de la fusion et des sacs d'eau qui préside au foirage général des pentes. Les inondations sont à craindre pour la plaine où se conjuguent les apports de l'entonnoir du col ; sur les versants qu'escaladent les chemins, la crue ajoute à l'incertitude de l'ascension. Si le danger est aujourd'hui conjuré par l'installation de la route sur la rive gauche, il subsiste sur les anciens chemins de la rive droite et de Saint-Germain, dont les ponceaux ne sont pas sûrs et trébuchent régulièrement à chaque grosse pulsation des torrents qu'ils enjambent.

M. Mougin (*Torrents de la Savoie*, p. 728) a énuméré quelques-unes des frasques du Reclus, dont le débit varie, pour une longueur de 9 kil., de $0^{m3}$,090 à l'étiage à 11,6 aux crues ordinaires. L'importance de ses décharges alluviales est attestée par l'étendue de son cône de déjections, à Séez, près de 100 hectares, recouverts uniformément par une immense prairie en dos d'âne, plantureuse et verte, et où les rigoles d'irrigation, alimentées par les Ecudeys et une dérivation du Reclus, composent une des plus opulentes et des plus réjouissantes marqueteries qui se puissent voir. Le sol est fait d'un vaste cône de débris prélevé sur l'entaille du col, et qui représente exactement la part de déblai que l'Isère n'a pas pu écouler ou que le Reclus en décrue n'a pas eu la force de pousser jusqu'à elle. D'ailleurs ce nom de Reclus est des plus significatifs, un nom générique qu'on retrouve partout, dans le Jura notamment. Il souligne le *recul* de la montagne et du col sous l'action de leur sapement par les eaux du torrent, dans des conditions favorables ménagées par la structure, le relief, le sol et le climat du bassin. Cette œuvre se poursuit insensiblement sous nos yeux ; l'abaissement du col en est l'enjeu : c'est ainsi que s'opèrent toutes les trouées montagneuses.

Les grandes crues avec leurs débâcles en marquent les à-coup. Il faut signaler au XVIII^e^ siècle celle du 14 septembre 1733 et surtout celle de l'inondation générale du 10 juin 1764 où, au dire du châtelain Minoret, « les eaux s'étant chargées d'une quantité ruineuse de matières qu'elles ont entraîné depuis beaucoup avant dans la montagne, et emporté en creusant des précipices de 20, 30 et 60 pieds de profondeur, dans la plaine qui n'est pas la pente si rapide qu'où elles ont commencé à passer..., jusqu'à l'embouchure des dites eaux au torrent de Versoye... » Leurs ravages s'étendirent sur 33 hectares 65 dont une partie ne put être remise en culture qu'en 1845 ; en outre six bâtiments du hameau d'Entraigues avaient été emportés ou enlisés. — Une autre crue en 1804 emporta les ponts de la route du col et interrompit les communications avec l'Italie. La route muletière est encore coupée et le pont de Saint-Germain ébranlé, emporté ou « souffre de graves avaries » le 17 juillet 1818, le 26 mai et le 1^er^ septembre 1819, le 26 juillet 1820, le 25 septembre 1822, le 7 mai 1829, en juillet 1830, en septembre 1847, le 8 juin 1858 et en 1877. Depuis lors, la route actuelle étant soustraite à ses furies, le Reclus ne fait plus parler de lui, refoulé qu'il est sur sa rive droite et convenablement encaissé. Il est vrai que le service des Eaux et Forêts y a pris peine par l'établissement de 57 barrages dans son lit, de 8.152 m. de drains pour l'assèchement de ses points d'éboulement et de ses berges foireuses, de même que par le regazonnement de 40 hectares et le reboisement de 50 autres de son bassin. Au 31 décembre 1907, ces travaux avaient coûté le joli denier de 170.243 fr. 27. Telle était la rançon d'une sécurité relative pour la circulation dans son bassin et sur les chemins qui mènent au col, tant qu'ils furent aux prises avec ce peu accommodant voisin.

---

## CHAPITRE III.

### LES ROUTES.

En réalité les chemins du col s'efforcèrent toujours de se tenir à distance et perchés au-dessus du Reclus, en raison de ses brusqueries et de la raideur excessive des berges meubles ou mal assises de son talweg dès la naissance de sa gorge de raccordement du Plan-Gerbier à l'Isère. Toutefois, au pont de Saint-Germain où l'attend le torrent, la route muletière fait exception, celle-là même qui fut longtemps décorée du nom de route provinciale ou de Royal chemin. C'est en vérité un honneur qu'elle méritait aussi bien que ses deux consœurs de la Vanoise et de l'Iseran qui avaient la prétention de relier Moûtiers au Mont-Cenis par Pralognan ou le Val de Tignes. Mais ici l'étroitesse des vallées imposait un tracé unique qui tournait ou escaladait tous les obstacles des défilés et des verrous. En revanche l'évasement du bassin du Reclus rendait le col accessible sur ses deux versants. C'est dire que les chemins y furent toujours au pluriel.

#### 1° Les Chemins muletiers.

1° *Par la rive droite :* C'est l'ancienne route, toujours la préférée des piétons et des cyclistes que ne rebute point le port de leur machine dans l'escalade des raidillons. Elle part de Séez pour monter directement à Villard-Dessus, traverse le nant des Ecudeys au pied de la Roche-Blanche et revient franchir le Reclus pour s'élever en lacets à 1.234 m. jusqu'au hameau de Saint-Germain, qu'on peut atteindre ainsi en une heure.

Si l'on vient de Bourg-Saint-Maurice, il est inutile d'aller passer à Séez et au Villard. Un sentier se détache de la route de Bourg à Séez près du pont du Reclus, remonte très fidèlement le torrent dans les éboulis de la rive droite et atteint directement Saint-Germain, à une heure et demie de Bourg, conjointement avec celui du Villard et du pont de Saint-Germain.

Une variante, qui quitte la route au droit de l'usine de drap Arpin, après le pont sur le Versoyen, permet d'escalader en lacets sous bois l'épaulement des cantines, par le replat du Mont-Villaret et de Combautier débouchant au-dessus des Chavonnes.

Au-delà de Saint-Germain, le chemin décrit un lacet, laisse à droite ou à gauche les Chavonnes et, s'élevant sur la banquette de la vallée suspendue, atteint la cantine du Creux des Morts à 1.840 m., traverse un torrent, passe sous la cantine de Ste-Barbe, franchit le Reclus sur un pont de pierre, puis remonte rapidement jusqu'à la grand'route au lacet sous le monument des Quatre-Vents, à cinq minutes de la frontière, mais à trois heures et demie de Séez et quatre heures de Bourg.

2° *Par la rive gauche :* On peut atteindre directement, depuis Séez et au droit de ce village, la Rosière, à 1.836 m., sur la grand'route, par un autre chemin muletier. De Séez à Villard-Dessous il se confond avec l'ancienne route, puis, obliquant au S.-E., il passe par le Noyeray, Solliet, les Laix et la Rosière, atteint la grand'route en cinq minutes et de là la frontière à 7 km. plus haut.

Un autre chemin encore, le même que les précédents de Séez à Villard-Dessus, s'amorce à ce dernier village, remonte la rive gauche du Reclus jusque sous la Roche-Blanche. De là, se dirigeant à l'E., il passe aux chalets des Ecudeys, franchit le nant du même nom et s'engage par de nombreux lacets dans la forêt des Ecudeys, escalade une dernière bosse et rejoint la grand'route un peu avant la cote 1.942 m. à deux heures environ de Séez et à 5 km. 4 de la frontière. (C[t] Gaillard : *Guide de l'Alpiniste : De la Seigne au Thabor*, p. 20.)

Ces divers chemins, dira-t-on, sont avant tout créés pour les usages locaux, des chemins de chalets et d'exploitation pastorale. Cela n'empêche pas que le col était et est encore leur aboutissant commun. En tout cas, ceux de la rive gauche, comme ceux qui des ponts du Versoyen et du Reclus escaladent directement la rive droite, remplissaient l'office de voies de rechange, de décharge ou de détournement vis-à-vis de la route muletière et provinciale de Saint-Germain, la route officielle du col, chaque fois que, dégradée, elle était en réparation ou que le Reclus bousculait son pont : cela lui arrivait plus souvent qu'à son tour. Elle était de même la seule dont l'entretien incombât à l'intendance de Moûtiers, « par voie de corvées », en définitive à tous les taillables et corvéables du marquisat de Bourg et du comté de la Val-d'Isère, c'est-à-dire du Val-de-Tignes jusqu'à l'Iseran, en dépit des protestations les mieux motivées de la part de ceux qui n'en étaient pas les riverains ni les usagers. Ce leur était, il est vrai, une occasion inespérée de faire valoir et parvenir à bonne adresse leur état de misère par suite des intempéries, et l'impossibilité où se trouvaient, par exemple les gens de Val-d'Isère même en 1740, de venir travailler aux réparations des routes et digues de Séez, à huit heures de marche de leur paroisse, quand eux-mêmes, privés de récolte et poussés à l'émigration du fait des gelées tardives, ils ployaient sous la charge de leurs tailles, de l'entretien du chemin royal de l'Iseran et de la réfection de ses onze ponts rompus par les avalanches. A tout le moins, ils ne pouvaient croire qu'on voulût « les obliger aux réparations des autres sans aucune réciprocité [1] ». En définitive on retrouve là un écho de l'éternelle querelle des routes dans les pays de montagne, une des formes les plus aiguës du particularisme créé par le relief et le climat.

## 2° Saint-Germain, village routier du Col.

Il est un village qui aurait eu mauvaise grâce à protester contre ces corvées sur un chemin dont il vivait : c'est Saint-Germain. Hameau de Séez, il forma durant tout l'ancien régime, une véritable communauté à part beaucoup plus qu'une simple annexe pastorale du gros bourg du bas, riche et fier des cultures et des grasses prairies irriguées de son cône, quand le Reclus

---

[1] F. Gex : *Val d'Isère* (1.849 m.) *et la Haute-Tarentaise*, p. 57 ; 4 photos, 120 pages ; Chambéry, 1922.

daignait les respecter, de son trafic et de son industrie textile et drapière. L'altitude (1.234 m.) et l'escarpement des pentes condamnaient Saint-Germain à vivre de ses maigres et précaires cultures de montagne, du pillage de ses bois et de ses pâturages. La route du col devait faire l'appoint sous l'espèce du portage, du transport à dos de mulet, de la profession de guides pour voyageurs. Le village, de 76 habitants en 1921 sur 1.106 à Séez, en comptait encore 140 en 1805, sur 1.520 pour l'ensemble de la commune qui, au surplus, entretenait « 43 mulets pour le transport des engrais, pour rentrer les récoltes et porter les marchandises par le Petit-Saint-Bernard ». (L. 556.)

La route avait donc ses petits profits, mais ils avaient leur rançon qu'on savait faire valoir en bons geignards de la montagne, à seule fin d'arracher au prince un supplément d'avantages et d'honnêtes compensations. Elles nous paraissent ridicules aujourd'hui : elles étaient énormes alors, en ce temps d'universelle pénurie du numéraire qui rendait la taille littéralement épuisante, beaucoup plus que les plus dures corvées. L'exemption d'impôts était donc une bonne fortune : chacun y trouvait son compte. Les gens devaient s'employer à favoriser le transit par le col en entretenant la route hiver comme été : ils en étaient les premiers bénéficiaires. Mais le fisc ne l'était pas moins, car le trafic du col mieux aménagé, et ses voyageurs, laissaient dans le pays une poussière de leur or, cette manne si bien venue, dont une bonne part allait se réaliser dans le Trésor. En outre, il importait au prince de s'attacher ces gardiens du col en cas d'alerte, quand l'ennemi se présentait sur l'autre versant, ou que, le plus souvent, venant de France, il obligeait « la Marmotte Savoyarde » à se retrancher derrière l'écran du P.-S.-Bernard, heureuse d'avoir, en la personne des gens de Saint-Germain, des intelligences dans la place, pour la renseigner sur les intentions et les mouvements du camp adverse. Rôle dangereux, dont ils pâtirent plus d'une fois, eux, leurs maisons et leurs bêtes : c'était les risques du métier et le sort commun à tous les pays tampons, aux populations frontières, qui ne s'en lassent point pour autant ; les orages prévus dont se coupaient les périodes calmes, comme une ville de garnison vit de ses soldats, les civils, de l'industrie militaire.

La tâche n'était point ingrate, car ces montagnards avisés « marchaient » donnant donnant. C'est toute l'origine et la justification des Franchises octroyées à Saint-Germain de Séez [1]. « Souvent il fut comme un poste avancé qu'amis et ennemis se disputaient cruellement et qui fut soumis aux plus tristes alternatives comme aux plus redoutables fléaux, tandis qu'il était pris et repris sans trêve ni répit. Il faut plaindre ces paisibles cultivateurs qui placés à la clé du passage vivaient dans de continuelles alarmes, subissaient des pillages presque périodiques et des incendies sans cesse renouvelés. Après avoir vu manger leur pain noir et dévorer leur bétail par des soldats affamés, tandis que leurs chaumières étaient la proie des flammes, il fallait, sous peine de la vie, qu'ils ser-

---

[1] *Le Village de Saint-Germain de Séez et ses Franchises ;* M. Million : Mémoires Académie de la Val d'Isère, 3e vol., 1-43 ; Moûtiers, 1875 ; et E. Borrel, *id.*, p. 67.

vissent de guides à leurs spoliateurs et qu'ils exténuassent leurs montures sous les lourds bagages qu'on voulait soustraire aux atteintes de l'ennemi. — Cette position si désastreuse pour les habitants et pour leurs propriétés, ne pouvait qu'être des plus importantes au point de vue politique et stratégique. Les princes de Savoie, ces « portiers des Alpes », le comprirent ; ils cherchèrent à s'attacher le village de Saint-Germain et à gagner les sympathies de ses habitants par les moyens les plus propres à les maintenir dans une inviolable fidélité. L'équité demandait aussi que par des privilèges exceptionnels, ils les dédommageassent des contributions forcées et des frais qu'on leur imposait en maintes malheureuses circonstances. »

Ce tableau, sombre à faire croire que la guerre avait fait le désert à Saint-Germain, n'était peut-être pas exagéré quand lui furent accordées ses premières franchises, en février 1259, par l'élégante Comtesse Cécile de Savoie, « plus belle que rose », fille du baron des Baux en Provence et prince d'Orange, veuve d'Amédée IV et régente sous la minorité de son fils, Boniface de Savoie. On peut y voir aussi bien une invitation avec prime, à revenir se fixer au village, en relever les ruines, comme à s'intéresser à la reprise du trafic du col :

« A tous ceux qui ces présentes lettres verront, soit notoire que Nous, Comtesse de Savoie et Marquise en Italie, en notre nom et en celui de notre fils, comte et marquis des mêmes lieux, promettons aux hommes de Saint-Germain que Nous et les nôtres, les tiendrons et regarderons comme exempts, francs pour toujours de toute exaction, c'est-à-dire de toute taille, cavalcade et autre coutume ; et eux, en correspectif de cette franchise, sont tenus de servir de guides par le Mont-Jou (P.-S.-B.) à Nous et à nos envoyés ; de secourir les voyageurs qui se trouvent en danger sur la montagne ; de porter ceux qui y mourront jusqu'au lieu où il sera possible de les ensevelir ; de marquer les chemins publics du Mont avec des perches ou jalons, pour que les passants ne s'y égarent point. »

La cavalcade ou chevauchée était l'obligation de suivre en personne le prince à la guerre ou de contribuer par de l'argent à la défense du pays ; la coutume était toute prestation due en vertu de l'usage.

Il faut croire que ces concessions, accordées pour les besoins du moment, firent des jaloux ou qu'elles furent mal respectées par les agents du fisc, les exacteurs, pour que Saint-Germain ait éprouvé le besoin de les faire rafraîchir bien souvent. On les voit confirmées dès le siècle suivant et à des dates fort rapprochées : le 17 décembre 1390 par Amédée VII, le 24 août 1399 par Amé VIII, le 17 septembre 1399 par le Conseil souverain de Savoie, le 24 novembre 1461 par le Duc Louis, le 16 juillet 1481 par Philibert Ier. Les confirmations postérieures seront motivées par les réclamations des intéressés en conflit avec des exacteurs mal informés ou trop zélés. Et quand la sécurité sera revenue, au XVIIIe siècle, les privilèges n'étant plus justifiés sinon par le jalonnement des routes en hiver, les princes réduiront progressivement l'exemption de la taille de 1/4, de 1/2. En 1793, la Révolution, ennemie des privilèges, la supprimera tout à fait pour appliquer le droit commun à Saint-Germain. Longtemps encore la pratique du jalonnement sur les chemins effacés par la neige sera maintenue, mais à prix fait ou à titre de prestation.

*Nature des Privilèges et Charges de Saint-Germain.*

Une réclamation du secrétaire de Séez et Saint-Germain, Chapel, le 27 août 1772, « de l'agrément de M. Mouthon, notre intendant », témoigne sans équivoque du mauvais vouloir de la régie à l'endroit de ces exemptions. « Le quartier de Saint-Germain, village de la paroisse de Séez au pied de la montagne du P.-S.-B., jouït par des patentes de nos Souverains de l'exemption de la taille pour la somme de l. 183. 17.11 qui est imputée à l'exacteur annuellement sur les tributs, au moïen de laquelle exemption les habitants de ce quartier sont obligés à donner tous les secours possibles aux passants de ladite montagne tant pour fournir des voitures (transports) à mulets que porteurs de chaises, secourir encor ceux qui y succombent par les mauvais temps, s'enquérir des cadavres, les porter dans la chapelle du village et marquer annuellement au commencement de l'hiver par des perches de 12 pieds de hauteur le chemin de ladite montagne dans les lieux les plus praticables et les moins sujets aux avalanches ; ces charges paraissant affecter les habitants qui les remplissent à tour de rôle, et non point les fonds, ces mêmes habitants ont présenté requête à M. l'Intendant pour faire répartir sur leurs familles cette exemtion et non sur la taille d'iceux, il a exigé de voir, pour appuier son décret, le titre sur lequel cette exemtion est accordée et les charges de cette concession ... » (C. 417.)

Cette requête en vue d'une répartition plus équitable ne paraît pas avoir abouti ; bien plus l'exemption est fort compromise en 1790, ainsi qu'il résulte de cette autre réclamation, peut-être la dernière et qui sonne le glas du privilège : « Nous soussignés, châtelain, sindic et conseillers de la paroisse de Séez et Saint-Germain en Tarentaise, certifions à tous qu'il appartiendra que les particuliers privilégiés du quartier de Saint-Germain uni à ladite paroisse, se sont acquittés dans le courant de l'année dernière ainsi que de l'hyver dernier de toutes les charges et obligations attachées à leurs privilèges, lesquelles consistent : 1° à passer en tous rencontres, les souverains, leur suite, ministres et ambassadeurs, par la montagne du P.-S.-Bernard ; 2° d'y aider et secourir généralement tous les passants, même y aller chercher ceux qui ont le malheur d'y périr pour leur faire donner la sépulture ; 3° tenir en hyver le chemin de ladite montagne ouvert autant qu'il est possible ; 4° et finalement entretenir annuellement de longues perches plantées de distance en distance pour indiquer aux passans, surtout dans le mauvais tems, le chemin le moins dangereux ; à laquelle plantation on procède tous les ans avant l'arrivée de l'hyver ; — et en conséquence nous pensons que lesdits priviligiés sont dans le cas de jouïr du bénéfice de 183 l. 17.10. que S. M. daigne à ces fins leur accorder annuellement sur la taille affectée aux biens fonds que lesdits privilégiés possèdent rière ledit quartier de Saint-Germain. En foi de quoy nous leur avons fourni le présent à leur réquisition. — Audit Séez, le 5 septembre 1790. Signé : Durand, Pierre-Antoine Révial, François Sourd, François Fort, Pierre Sanioz, Cartanaz, châtelain. » (C. 705.)

La Révolution ne semble pas avoir interrompu le « jalonnage », d'une nécessité si évidente ; d'autant que le col, après l'assaut de 1794, demeurera occupé militairement avec obligation de se relier à Bourg. Nous le rètrouvons sous le Consulat sous la rubrique du « jalonnage de la *rampe* du Mont-Bernard », dans cette lettre du ministre de l'Intérieur, Crétet, au Préfet du Mont-Blanc, Paris, 12 fructidor an 10 (1803) : « Citoyen, j'ai examiné et fait examiner le détail estimatif que vous m'avez adressé par votre lettre du 25 thermidor dernier, des jalons à planter sur le Mont-Bernard pour en diriger le passage pendant l'hiver et les frais de leur entretien pendant six ans... à raison de 268 fr. 12 par an... Approuvé. » (L.1517.)

C'est l'aveu officiel de la suppression des privilèges et de la prise en charge de l'opération par voie administrative ou de l'étatisation d'une entreprise séculaire et villageoise. Nous savons qu'aujourd'hui le jalonnement relève des attributions des cantiniers du Creux-des-Morts et de Ste-Barbe. (Voir : *Notes justif.* p. 162.)

## 3° La Route carrossable (1859-1866-1872).

1° *Le Tracé.* — Après la perte de ses privilèges, qui ne préjudiciait pas à vrai dire aux bénéfices du transit, Saint-Germain faillit presque aussitôt être menacé d'un abandon total par le projet grandiose d'une nouvelle route, « à voiture » celle-là, et dont la réalisation fut imminente vers 1810. Le projet tomba avec l'Empire. La route nationale devait attendre encore un demi-siècle. C'est la grand'route actuelle qui empile ses lacets sur la rive gauche du Reclus, la route nationale n° 90, dite de Grenoble à Aoste. Elle mesure tout près de 30 km. de Bourg au col, exactement 26,5 depuis Séez.

Elle quitte à la sortie de Séez la route de Val-d'Isère, la future route des Alpes par l'Iseran. Elle arpente d'abord en trois lacets le cône de déjections du Reclus jusqu'à Villard-Dessus, puis aussitôt escalade par sept autres grands lacets l'épaulement de la Rosière au-dessus de la limite des bois. Le tournant du premier lacet de la rampe émet un embranchement en direction de Montvalezan-sur-Séez. Vers 1.450 m. elle passe devant l'hôtel du Belvédère qui porte bien son nom. Rouvert récemment, il avait été partiellement détruit par un incendie mystérieusement tragique. Au-delà de la Rosière, la route s'infléchit dans l'entonnoir du nant des Ecudeys, puis revient dans le plan du versant gauche du Reclus à 1.942 m. et à 21 km. de Séez, par un coude brusque sur le rebord de l'entaille de la combe, modelé en arête, belvédère naturel au-dessus de la plaine de Bourg. Dès lors, la route, bien au-dessus du Reclus et dans son bassin supérieur, court droit au but, c'est-à-dire au col. Elle traverse encore le nant de Bellecombe sur le pont de la Marquise, décrit un dernier mais court lacet autour des Quatre-Vents avant d'atteindre la borne frontière, frôle sur la gauche l'hôtel de Lancebranlette et la statue monumentale de St Bernard, passe entre l'hospice et sa remise, laisse à droite la Chanousia, à gauche le poste de douaniers italiens et touche au col.

Sur le versant italien, elle passe devant une cantine, laisse à gauche et en contrebas le lac Verney, décrit deux lacets dans les pâturages et d'autres encore dans la forêt du village de chalets de Pont-Serrand à 1.651 mèt. Elle franchit alors la Doire Verney et en quelques lacets atteint le hameau de la Golettaz, siège de la douane italienne, puis la Thuile sur la rive droite, à 1.441 m. et 12 km. du col, en vue du Ruitor et du Grand Assaly. Après les gorges du Pont-Taillant, elle revient sur la rive gauche de la Doire à la Balme et à Elevaz. Elle s'engouffre ensuite par un tunnel dans une seconde gorge dont l'orifice ménage l'agréable surprise d'une vue superbe sur la vallée d'Aoste et le chef-lieu de Pré-Saint-Didier qu'elle atteint par une dernière cascade de lacets sous bois clairsemé, à 25 k. du col. Il y faut voir le point terminus de la rampe sur le côté italien, la base du col et comme la réplique de Séez en distance kilométrique. (Commandant Gaillard, *id.*, 20-21.)

2° *L'Historique.* — On conviendra que cette route, tels deux immenses serpents s'affrontant au col, est simplement prodigieuse. Si elle n'atteint pas les 2.658 mèt. du Galibier, elle dépasse sensiblement le Genèvre à 1.854, le Simplon 2.010, voire le Mont-Cenis, 2.091. C'est une belle œuvre d'art, une des merveilles routières des Alpes et des plus audacieuses. On conçoit qu'à défaut du parrainage napoléonien, elle ait sollicité les efforts de plusieurs générations. Au reste, de ce parrainage il ne faut point médire, car si la politique italienne de l'Empereur était satisfaite par la création des routes du Cenis et du Simplon, on doit imputer à d'autres soucis européens l'abandon provisoire du projet du Petit-Saint-Bernard. D'ailleurs c'est encore la politique italophile du neveu qui en assurera l'exécution.

On sait que l'annexion du Royaume d'Italie en 1804 déchaîna une véritable épidémie de routes transalpines où s'enfantèrent laborieusement celles du Cenis, du Genèvre et du Simplon [1]. Mais c'est la réalisation technique de celle du Cenis dès 1806, si avantageuse à la Maurienne, qui communiqua la fièvre à la Tarentaise, jalouse d'être devancée par la province-sœur, jalouse bien plus encore des bénéfices du transit qu'elle menaçait de drainer désormais entièrement. C'est pourquoi le Conseil d'arrondissement de Moûtiers n'attend même pas l'achèvement du Cenis en 1811 pour s'atteler résolument et sans répit à la besogne. Il réclame la route du Petit-Saint-Bernard le 16 mai 1806 dans une délibération des mieux motivées. Il y revient le 30 janvier 1809 et le 1er février 1810, insistant particulièrement sur ce fait que : « 1° le vœu des habitans de cet arrondissement et de ceux du département de la Doire et autres circonvoisins se prononce depuis longtems pour avoir une communication libre et commode entre les départemens du Léman, Ain et Doubs d'un côté et ceux de la 7e Division militaire et le Royaume d'Italie de l'autre, ce qui formerait une nouvelle route de Genève à Milan par Annecy, Ugine, l'Hôpital (Albertville), Moûtiers, le Petit-Saint-Bernard, Aoste, Ivrée, Verceil et Milan ; — 2° que cette nouvelle route ouvrirait une commu-

1 Voir la Thèse de M. Marcel Blanchard : *op. cit.*

nication commode entre les arrondissements d'Annecy et Moûtiers, actuellement séparés à cause de la gorge d'Ugine, passage maintenant très dangereux ; que le gouvernement a déjà daigné approuver cette partie de route, mais que les moyens d'exécution ont fait suspendre les travaux ; — 3° que l'ouverture d'une route par le Petit-Saint-Bernard faciliterait le passage des troupes qui se rendent ou qui reviennent d'Italie. »

Ainsi, tout en faisant état des besoins locaux et en glissant sur le reproche qu'on lui pouvait faire de double emploi, en raison de sa grande proximité avec le Cenis, cette assemblée élargissait habilement ses considérants pour plaider l'utilité publique, l'intérêt général et la cause de la défense nationale.

Dans sa session de 1811, le Conseil général du Mont-Blanc (Savoie) s'émut à son tour et ne trouva rien de mieux que de reprendre à son compte les délibérations de Moûtiers pour les amplifier encore et leur donner une allure plus solennelle, plus nationale et partant plus décisive :

« Ce passage des Alpes, dit-il, est fort connu sous les rapports politiques et militaires qui intéressent l'Etat en général. Cette route faisait partie de la 3e voie militaire des Romains. Le savant M. de Saussure a reconnu lui-même dans ses voiages que ce passage était le plus commode des Alpes.

En effet, il est certain que la traversée de cette montagne est moins longue et moins sujette aux tourbillons que l'on éprouve fréquemment dans les autres passages des Alpes. Charles-Emmanuel, Roi de Sardaigne, y a passé à la tête de son armée dans les derniers jours de décembre 1741. L'armée piémontaise a passé le col avec son artillerie en octobre 1792, en août et septembre 1793. Mais sans remonter à des époques aussi éloignées, ne sait-on pas que lorsqu'en l'an 8 le Vainqueur de Marengo franchit les Alpes avec la rapidité de l'éclair, la division Chabrœnd (mai 1800), avec une grande partie de l'artillerie, des équipages et munitions ont passé le Petit-Saint-Bernard, quoiqu'encore couvert de neiges ? Que l'armée du Vainqueur manquant de subsistances dans la vallée d'Aoste, tira de la Tarentaise une grande quantité de grains que M. le Sous-Préfet de l'arrondissement de Moûtiers fut chargé d'approvisionner et dont l'heureux arrivage mérita aux habitans de cet arrondissement le gracieux témoignage exprimé de la satisfaction du gouvernement et des Ministres, ainsi que des généraux, témoins oculaires de leurs sacrifices et de leurs efforts soutenus pendant plus de 3 mois.

On savait déjà alors qu'il y avait trois jours de marche à gagner en passant par le P.-S.-Bernard : aussi a-t-on vu, après la victoire de Marengo, la garde consulaire commandée par S. A. I. le vice-roi d'Italie, portant les drapeaux pris sur l'ennemi, rentrer en France par le Petit-Saint-Bernard afin de pouvoir se rendre à jour fixe à Paris.

Cette route traverse des routes qui sont sous le même degré de latitude ; elle formerait ainsi une ligne presque droite, pendant que le Simplon est baucoup plus au N. et que Turin est à 15 lieues communes plus au midi ; ainsi il n'est pas difficile de concevoir que celle proposée serait la plus courte, puisqu'elle suit la base du triangle et qu'il faut parcourir deux des côtés du même triangle pour suivre les autres routes.

Si la route d'Italie par le Petit-Saint-Bernard est très importante sous les rapports militaires, elle ne l'est pas moins sous ceux de l'exploitation des mines qui abondent dans cette partie des Alpes. Le plomb de la mine de Peisey qui se vend dans la 27e division militaire, ne peut être transporté qu'à dos de mulets, ce qui est très dispendieux et diminue notoirement le prix de vente. Les produits de l'excellente et inépuisable mine de Cogne, vallée d'Aoste, viendraient approvisionner les ateliers de l'Intérieur des meilleurs fers que l'on connaisse en Europe et à des prix modérés s'ils pouvaient traverser le Petit-Saint-Bernard sur des chariots. Il en serait de même des produits précieux des mines de cuivre d'Ollomont et Saint-Marcel et de la mine de manganèse dans la même vallée. La Fonderie Centrale qui vient de s'établir à Conflans aux frais du gouvernement trouverait dans l'ouverture des routes proposées des moyens faciles de faire arriver à moins de frais le combustible dont elle aura besoin et d'évacuer ensuite ses produits sur les lieux de leur consommation ou de leur emploi. Les sels de la Saline de Moûtiers se transporteraient à moins de frais, soit au-delà des Alpes, soit à Genève, soit en Suisse, ce qui augmenterait alors le produit de cet établissement.

Enfin la route demandée deviendra également très avantageuse pour le commerce ; elle vivifiera l'industrie dans cette partie de l'Empire actuellement isolée du reste à défaut de communication sûre et facile. Elle donnera aux habitans de l'arrondissement de

Moûtiers occasion de tirer meilleur parti des productions territoriales : le bétail, le fromage et les peaux qui sont les principales ressources du pays pourraient être transportés à beaucoup moins de frais..., au lieu que maintenant il faut parcourir un espace d'environ 7 myriam. pour trouver à Montmeillant une route qui conduise en Italie ou dans les départements de l'Intérieur, ce qui occasionne un détour inutile de 14 myriam. de plus qu'en passant par Ugine si la route était praticable.

... Les habitants de l'arrondissement d'Aoste la représentent comme un de leurs besoins les plus pressans... De même ceux du département de la Doire...

... Le département du Léman trouvera un avantage bien réel dans la nouvelle route qui facilitera son commerce avec la Tarentaise, la Maurienne, la Val-d'Aoste et le restant en Italie ; et le Haut-Faucigny en particulier transportera avec plus de facilité les vins que ses habitans viennent empléter dans les environs de L'Hôpital et dans la vallée de Montmeillant. Enfin l'arrondissement d'Annecy trouvera de grands avantages dans l'établissement de cette route qui traversera son territoire et lui ouvrira une communication avec les arrondissements de Moûtiers et Maurienne et avec l'Italie ; et le département du Mont-Blanc en général trouvera dans la route du Petit-Saint-Bernard une communication directe et commode avec les départements de la Doire et de la Sésia. »

— Pour finir, un brin de cour dans ce petit couplet à l'Empereur : « Ce nouveau bienfait (la route du Petit-Saint-Bernard) sera un des plus grands que la libéralité paternelle de S. M. I. et R. puisse accorder à ses fidèles sujets de l'arrondissement de Moûtiers, qui apprendront à leurs derniers neveux qu'un passage que l'armée de César n'a franchi qu'avec les plus grandes difficultés a été rendu commode et facile par un génie bien plus puissant. » (L. 55.)

Tout était donc bien dit depuis 1806 sur les avantages de la bienfaisante *ouverture*. Les pouvoirs publics mirent du temps à s'ébranler. Les crédits du gouvernement avec les sollicitudes du ministre intéressé, Crétet, allaient entièrement à l'achèvement du Cenis. Entre cette inertie et les objurgations des notables du Conseil général, l'administration subalterne était ballottée, rusait, se débattait pour sauver la face. Le préfet se dérobait en faisant valoir que « le tracé définitif sur le versant du Mont-Blanc ne pourra être fait que de concert par l'ingénieur en chef Mongenet et par l'inspecteur divisionnaire ». Il se faisait écrire la note suivante par le même Mongenet, à seule fin d'en faire état devant le ministre et le Conseil général, car, lâché par le gouvernement, on se rejetait la balle : « Des frais de nivellement et tracés provisoires sont dus, n'ayant pu être payés sur les fonds de 1810 ; le budget de cet exercice n'en a compris aucun pour cet objet ; j'ignore ce qui a été fait à cet égard dans le département de la Doire. — Au reste, je pense, M. le Préfet, que l'ouverture de cette route, depuis Bourg-Saint-Maurice jusqu'à la Colonne de Joux en longueur de 18 à 20.000 m., coûtera au moins 1 million. » Cela pour refroidir les impatiences, car, vraisemblablement, et comme toujours, l'Etat attendait que le gros effort, après l'initiative, vînt des départements les plus immédiatement intéressés, des riverains.

Il faut croire que le Val d'Aoste montra plus d'empressement que celui du Mont-Blanc. Le 19 février 1811, en effet, le baron de la Perrette, préfet de la Doire, écrit d'Ivrée au baron Finot, préfet du Mont-Blanc, le priant de lui transmettre tous renseignements sur ce qu'on fait dans son département et les départements limitrophes pour cette route du Petit-Saint-Bernard. — Et en opposition aux simples « frais de nivellement et tracés provisoires » sur le versant savoyard en 1810, l'ingénieur Mongenet, qui prend son rôle au sérieux, n'aura pas de peine à établir que nos voisins nous ont devancés en entrant résolument dans la voie des réalisations : « Le Conseil général de la Doire, déclare-t-il, a affecté lors de sa dernière session 3/4 de centime par franc, et le Conseil de l'arrondissement d'Aoste 4 centimes par franc et 12.000 corvées par an pendant 15 ans pour cet objet. Les travaux sont déjà commencés entre Aoste et Villeneuve par suite d'adjudication ». Chambéry, 6 mars 1811. (L. 1517.)

On ne sait si le Mont-Blanc fut décidément entraîné par cette louable initiative qui eût forcé la main à l'État. Mais il est certain que les malheurs de l'Empire dès 1812 et sa chute en 1814 arrêtèrent pour longtemps projets et travaux.

Ce fut d'abord, sous la Restauration sarde, une longue léthargie de 35 ans, qu'il ne faut point se presser de maudire, tant ce régime trop décrié sut faire œuvre utile et grandiose en matière de travaux publics : diguement de l'Isère, routes des cols des Bauges, du Mont-du-Chat, d'Aix à Chindrieux le long du lac du Bourget, etc. On se contenta donc tout d'abord d'entretenir le chemin muletier de St-Germain, de restaurer l'hospice, et c'était l'essentiel. On surprend encore en 1818 une entreprise de jalonnement, « adjugée à Joseph-Michel Arpin, entrepreneur, le 28 août, pour le remplacement de 102 jalons manquants, de Saint-Germain à la frontière d'Aoste et qui a été effectuée du 11 septembre au 16 octobre 1818 ». (F. S. 2.297.) Donc la Restauration n'avait pas cru devoir rendre à Saint-Germain ses privilèges ni ses charges d'antan.

3° *L'Exécution.* — Mais on ne s'en achemine pas moins vers la reprise du projet de 1810 et vers l'exécution. A partir de 1830, tous les rapports du Génie Civil lui consacrent un chapitre obligé. C'est vers cette époque qu'éclate « l'épidémie routière » dans toute la partie basse du Duché de Savoie. Les premières réalisations excitent l'appétit de la Tarentaise, toujours « bouchée ». Les projets se précisent, les tracés s'ébauchent et voici que le plan définitif apparaît en 1853 dans un long rapport imprimé, avec tout l'historique de la route, ses avantages, ses plans et devis estimatifs, d'après l'adjudant-régent Dompmartin, du Corps Royal du Génie Civil. (Moûtiers, Bocquet, 1853 : F. S. 2.298.)

Ce rapport énumère tous les motifs qui justifient la création de cette *route à voiture*, depuis Séez jusqu'à la Colonne-Jou, point culminant du P.-S.-B. Elle aura, entre autres avantages, celui de faciliter l'émigration des ouvriers d'Aoste en Savoie, Suisse et France ; et cet autre notamment, du fait de la protection des aspérités rocheuses du Mt-Valaisan et de leur couverture de sapins dans les forêts du Dévin, du Juthieu et du Mt-Valaisan, de protéger cette route nouvelle contre les avalanches si redoutables sur le versant tout uni et gazonné de la rive droite du Reclus, bien que mieux exposé et en plein midi... La route mesurera depuis Séez 26 km. 432 contre 12,104 au chemin provincial muletier de St-Germain. Elle sera jalonnée par trois maisons cantonnières, sur le modèle de la route du Mont-Cenis, depuis le Gouthy jusqu'à l'hospice. Elle aura 25 tournants, des rampes n'excédant jamais 6 %, une largeur de 6m., dont quatre pour la voie charretière et deux pour les banquettes des à-côtés. Coût approximatif : 500.000 livres.

En attendant les travaux, on consacrait encore 3.450 livres à réparer le chemin muletier de Saint-Germain.

L'entreprise se fit en deux sections : la 1re, vraisemblablement de Séez à la Rosière, la plus dure, celle des dix grands lacets ; l'autre, en amont dans l'entaille supérieure du Reclus et du col. Mais on avait dû attendre 5 ans pour procéder à la répartition et à la perception de la quote-part ou contribution en espèces et en corvées des communes, aux adjudications et à la mise en chantier.

Enfin l'année 1858 vit « attaquer » la 1re section ; les travaux allant bon train, elle fut achevée l'année suivante en 1859. La Savoie, à l'annexion de 1860, faisait à sa nouvelle patrie un royal cadeau. La France se devait de le compléter ; comme aussi Napoléon III le devait à la mémoire du grand Empereur, l'« *Alpium Penninarum Domitor* » de l'inscription de l'hospice du Cenis (1801). Les séductions des Alpes Graies allaient en effet tenter tout aussi heureusement l'audace et le bon vouloir du nouveau souverain.

On se mit à l'œuvre sans désemparer. Les derniers frais de la 1re section, achevée en fin 1859, étaient à peine liquidés en 1862 sous forme d'un supplément de 34.000 fr. versés à l'entrepreneur pour divers travaux accessoires, réclamations et imprévus, que déjà, dès 1861, la 2e section était entamée. Il y a intérêt à en suivre les étapes dans la série des rapports du préfet et de l'ingénieur en chef Conte au Conseil général de la Savoie. Pour cette seule et dernière section, la dépense prévue est estimée à 549.862 fr.25, ce qui dépasse singulièrement les prévisions de Dompmartin et nous rapproche de l'estimation de Mongenet qui pour l'ensemble du tracé en 1810 l'évaluait pour le moins à 1 million. Le rapport Conte de 1862, 2e session, p. 13, s'exprime ainsi : « Cette importante entreprise (2e section) a été commencée en 1861, lentement d'abord à cause de la difficulté d'organiser le chantier à cette altitude, puis poursuivie très activement en 1862 où on a ouvert sur tout le tracé un sentier de 3 à 4 m. Terrassements et murs de soutènement sont attaqués sur divers points ; on pourrait presque parcourir la route à voiture sur toute sa longueur. Je ne doute pas que les travaux ne soient achevés en 1864 et peut-être même en 1863, si les crédits alloués sont suffisants. »

En 1863, la défaillance des crédits, sans doute, fait que la deuxième section, dite « lacune du P.-S.-B. jusqu'à la frontière », ne pourra être ouverte qu'en 1864 ou 1865. Toutefois, « les terrassements sont presque achevés et les travaux d'art très avancés ; on pourrait, au besoin, ouvrir un passage aux voitures » et, remarque intéressante, « on travaille également de l'autre côté des Alpes ».

En 1864, « les terrassements sont terminés ainsi que les ouvrages d'art sauf le pont du torrent de la Marquise près la frontière italienne. Dans peu de jours on pourra, avec quelques précautions, parcourir la route en voiture ».

En 1865, « les travaux touchent à leur fin et au mois de septembre prochain, il ne restera plus à faire que le cylindrage de la chaussée ».

Et en 1866, « la route peut être considérée comme terminée, et elle pourrait être livrée à la circulation s'il n'existait au-delà de la frontière une lacune de 17 km. entre le Saint-Bernard et la Thuile, qui ne sera sans doute comblée que dans bien des années. Jusque-là la route ne sera accessible qu'aux bêtes de somme ». C'est pourquoi on propose de différer la construction des maisons cantonnières ou refuges jusqu'à l'achèvement du tronçon italien.

Le retard vint donc cette fois du duché d'Aoste ; on en serait surpris, après son empressement de 1811, si l'on ne se rappelait que l'Italie était alors en pleine crise de croissance et absorbée par les soucis de sa coopération aux événements de Sadowa.

En attendant, le tronçon français demeurait inutile. Il ne pouvait pas tenter des convois condamnés à rester en carafe à un col qui, par définition, est moins un but d'ascension, un point terminus qu'un passage. La route fut à peu près abandonnée et les intempéries, à défaut du roulage, se chargèrent bien de la dégrader.

Cela provenait « de ce que la chaussée avait été établie avec des matériaux schisteux », complètement décomposés en 1872, faute d'entretien sans doute pendant la guerre de 1870. Si bien que « lorsque la partie de cette voie située sur le territoire italien et *à laquelle on travaille activement en ce moment* (août 1872) sera terminée, un rechargement général de la partie française sera nécessaire ».

On sait d'autre part que les travaux du Val d'Aoste furent poussés si fort que la route atteignit le col cette même année et que c'est bien en 1872 que l'une des trois bornes frontières fut déplacée pour être plantée définitivement sur le bord de la route à la limite même des deux États. Le Petit-Saint-Bernard était ouvert aux voitures. Théoriquement du moins, car ses débuts furent une désillusion profonde. Le Simplon, le Cenis et le Genèvre, bien antérieurs et peu distants, avaient eu le temps de se créer une clientèle et une tradition ; le Grand-Saint-Bernard demeurait sans route, ce qui aidait à faire du Val d'Aoste une impasse. La cause principale de ce discrédit fut que l'ouverture coïncida avec celle du tunnel et de la grande vogue du Fréjus, par où le rail détrônait le roulage transalpin.

Si on n'en vient pas à regretter l'inutilité d'un tel effort, on ne peut s'empêcher de constater amèrement, même en 1874, « que la circulation des voitures y est presque nulle, bien que la chaussée se maintienne en bon état », et que tout le mouvement du transit, représenté par les piétons et les bestiaux, boude franchement la nouvelle route carrossable pour lui préférer l'ancienne route muletière de Saint-Germain, beaucoup plus courte : 12 km. au lieu de 26,5.

A tel point que l'ingénieur Conte s'émeut de cette somptuaire inutilité et fait observer « que cette situation ne pouvant durer, il convenait de classer l'ancien chemin muletier » au titre des chemins de grande communication. Et en 1873 il poussera le préfet à demander au Ministre des Travaux Publics de le faire considérer comme une annexe de la route nationale n° 90 et d'ouvrir à cette fin un crédit de 20.000 frs. Le Ministre répondit que l'État s'étant imposé de lourds sacrifices pour ouvrir la route nationale, il n'avait plus à s'occuper du chemin qui en tenait lieu autrefois, que c'était affaire du département et des communes.

Conte et son préfet manquaient tout simplement de foi en cette œuvre féconde et qui les dépassait singulièrement, eux et les besoins du moment, c'est-à-dire ceux d'une époque difficile et de laborieux redressement après la guerre de 70 en France et les pénibles débuts de l'unité italienne. L'avenir devait se charger de refouler peu à peu leur désenchantement ; un avenir un peu tardif, certes, mais qui s'épanouira vers 1900-1910 dans le triomphe du tourisme et de l'automobile. La route du P.-S.-Bernard se fera une de leurs plus séduisantes favorites. Ce sera une des quatre étapes et comme l'épreuve décisive de cette tard et mal venue, qui née en France en 1859, atteignait brusquement toute sa croissance dans les deux bonds de 1866 et 1872, pour se traîner dans l'épuisement et la langueur jusqu'à ce que le goût du pittoresque et l'auto lui eussent enfin assuré la santé et une pleine vitalité.

Aujourd'hui elle ne fait point trop pâle figure dans la famille des routes transalpines. Elle n'est point gênée comme le Cenis par le voisinage et l'insoutenable concurrence d'un tunnel à voie ferrée. Les beautés du Val d'Aoste, les splendeurs du Mont-Blanc et les grâces de la Tarentaise lui confèrent une enviable séduction ; et il n'est point jusqu'à la naissance d'une sœur cadette du Grand-Saint-Bernard, baptisée et inaugurée le 14 juillet 1905, franchie pour la première fois par l'automobile de la famille des de Menthon ce même jour, qui ne lui ait valu un surcroît de faveur et d'activité. Elle est aujourd'hui consacrée par les relations franco-italiennes et franco-suisses ; de même que par le tourisme et sa situation privilégiée sur le « Tour automobile du Mont-Blanc » par le circuit d'Albertville, les Gorges de l'Arly, Mégève, Chamonix, le col des Montets, le bas Valais, le Grand-Saint-Bernard et Aoste.

Elle n'a que l'inconvénient, et il est d'importance, d'être une route de belle saison. L'altitude, le relief et le climat réduisent à trois mois la durée annuelle de sa viabilité. Même alors, la longueur et la déclivité des rampes imposent au sommet l'arrêt aux moteurs à essence tout comme à tous autres moteurs animés, à plus forte raison à ces derniers, piétons, attelages et bêtes de bât, quand, durant la longue mauvaise saison, la neige et les intempéries obligent à reprendre le raidillon de Saint-Germain et lui rendent ses traditionnelles faveurs et toute sa supériorité.

Mais l'arrêt, c'est le refuge obligé, c'est l'hospice et c'est aussi un retour d'attention non moins obligé à l'œuvre même de St Bernard et de ses dignes continuateurs.

## CHAPITRE IV.

### L'HOSPICE
### OU L'HISTOIRE DU PETIT-S$^{t}$-BERNARD.

#### 1° Les Origines.

Il y a grande probabilité que, indépendamment de la *mansio* des Romains, l'hospice primitif du Petit-St-Bernard ne soit pas une création de S$^{t}$ Bernard [1]. Il serait de cinq siècles antérieur au sien ou à la restauration par lui entreprise. Témoin, vers 777, la lettre du pape Adrien I$^{er}$ à Charlemagne, le priant « de faire respecter les maisons hospitalières qui se trouvaient sur les Alpes, particulièrement celles de Mont-Jou et de Colonne-Jou ». Déjà en 776 on surprend l'évêque d'Aoste et depuis son patron, S$^{t}$ Grat, « à veiller à ce que ces établissements ne dévient point de leur fin primitive ».Donc l'hospice est antérieur à ces divers personnages. Peut-être remonte-t-il aux rois burgondes Sigismond ou Gontran ; peut-être même à l'empereur Constantin qui, sur les prières de sa mère S$^{te}$ Hélène, l'aurait élevé en souvenir de la vision du : *In hoc signo vinces*, ou des martyrs de la légion thébéenne d'Agaune (S$^{t}$ Maurice).

---

[1] Voir M. le chanoine Marguerettaz : *Histoire des Hôpitaux de la Vallée d'Aoste*, 2$^{e}$ partie (8$^{e}$ Bull. Soc. Acad. Duché d'Aoste ; Aoste, 1873). Communiqué par M. l'abbé Plassier, recteur actuel de l'Hospice, que nous sommes heureux de remercier ici très respectueusement.

En tout cas l'église primitive du Petit-Saint-Bernard, — et on ne la conçoit pas sans l'annexe obligée d'un refuge ou hospice, — daterait de 448. C'est l'année où le prêtre Saturne, vicaire général d'Auxerre, se rendit au Petit-Saint-Bernard pour recevoir le corps de son évêque, St Germain, mort à Ravenne, des mains des six évêques qui escortaient sa dépouille en compagnie des délégués de l'empereur Valentinien. Les deux délégations, avant de se rencontrer au col, s'étaient arrêtées : celle de Saturne au village de Saint-Germain, qui doit probablement son nom à cet événement ; l'autre à la Balme en Aoste. On imagine difficilement que la cérémonie de la remise du corps ait pu se faire simplement *sub cœlo*, sans une chapelle, voire sans un refuge à l'usage d'un aussi nombreux et imposant cortège. Rien ne prouve non plus que cette chapelle et ce refuge aient été improvisés pour la circonstance. *(Chronique du moine auxerrois Heyric, 452.)*

## 2° L'Œuvre de St Bernard.

La tradition — et elle a résisté à tous les assauts d'une érudition qui, pour satisfaire des incompatibilités d'ordre historique, est arrivée à tout brouiller — veut que St Bernard, abandonnant les ruines d'un hospice antérieur élevé aux abords de la Colonne-Jou, ait fondé le sien près de l'emplacement de l'actuel, à la naissance du versant français, et aussitôt après celui du Grand-Saint-Bernard.

Il nomma lui-même dans chaque hospice un prieur ou supérieur local à qui, au cours de ses nombreuses visites, il devait transmettre ses ordres et la recette des aumônes recueillies dans ses courses apostoliques. Edifié sur le sol de Savoie et dépendant du diocèse de Tarentaise, le Petit-Saint-Bernard aurait reçu plus particulièrement que le Grand-Saint-Bernard un témoignage sensible de la libéralité des parents du saint : Richard son père, Bernoline sa mère et son oncle, Bernard de Beaufort. Leur générosité aurait contribué notamment à faire bâtir et orner les églises des deux hospices. L'argent recueilli par le saint et les offrandes des pèlerins auraient fait le reste.

Toutes réserves faites sur la date de cette fondation, on prétend que Otton, duc de Bourgogne, mort en 1027, vit de ses yeux l'hospice que bâtissait St Bernard et en fut un des premiers bienfaiteurs ; que le pape Léon IX, passant le Mt-Jou (Colonne-Jou?) en 1049, y trouva déjà de ses religieux : « *reperit canonicos fratres.* » Dans la suite, « voyant ses hôpitaux finis et consolidés, le saint établit que le supérieur de Mt-Jou aurait le pas sur celui de Colonne-Jou et au besoin remplacerait le supérieur général... Puis il dédie ces maisons à St Nicolas, sous la protection de la Ste Vierge, et il s'achemine vers Rome ». Flatteusement accueilli et approuvé par le St-Siège, il revient presque aussitôt mourir à Novare le 12 juin 1007 ou 1008, après avoir légué à ses successeurs à l'archidiaconé d'Aoste son héritage et son autorité sur les deux hospices.

### 3° Après St Bernard : Les Prieurs.

L'hospice vécut longtemps des fondations du saint et de la générosité des voyageurs aisés, car « les besoins de toute espèce auxquels il faut subvenir sur ces montagnes désertes où règnent perpétuellement les frimas et la tourmente, absorbent les dons de la charité la plus généreuse, que l'austère pauvreté des religieux réserve presque entièrement aux passants démunis. Ils reçoivent beaucoup et donnent tout ». Il s'ensuivit certaines crises passagères de dénuement, lorsque « les pauvres passants » affluaient par suite d'une circonstance spéciale, guerre, peste ou famine, et qu'ils épuisaient les disponibilités de l'hospice.

C'est au cours de l'une de ces crises de marasme qu'il reçut entre 1130 et 1140 la visite de St Pierre II de Tarentaise : *inops xenodochium reperit.* C'est pourquoi il lui affecta, aussitôt promu au siège archiépiscopal de Tarentaise, les revenus des paroisses de St-Pierre de Châtel-Argent, de Séez et Montvalezan-sur-Séez, avec leurs dîmes, sous réserve d'une rente annuelle de 30 sous et 40 setiers de seigle ; le tout réduit à 39 setiers en 1186 par les chanoines de Moûtiers.

Dès lors, l'hospice put s'affranchir de l'archidiaconé d'Aoste et même dans une certaine mesure du Mt-Jou. Il eut son prieur, indépendant d'Aoste et du prévôt du Grand-Saint-Bernard. Mais cette indépendance, commandée par la distance, l'âpreté du relief et des intempéries, se concilia vers le même temps, à seule fin de ne pas condamner les religieux à l'isolement, avec leur affiliation au couvent plus proche de Verrès, commune de la Thuile. Elle était confirmée par les bulles pontificales d'Eugène III en 1145, d'Innocent IV vers 1246, avec l'agrément des princes de Savoie, notamment le comte Thomas. C'est ce dernier qui à Aoste, le 13 septembre 1227, déclare prendre sous sa garde l'église de St-Gilles de Verrès avec toutes ses dépendances et principalement l'église et l'hospice de Colonne-Jou et ses chapelles de la Thuile, Séez, Montvalezan et Bourg-Argent. En 1368, le prieur du Petit-Saint-Bernard et les curés de ces chapelles font leur obédience au prévôt de Verrès, Hugues de l'Epine, obédience qui réservait l'indépendance de chacune dans l'administration de son domaine temporel.

Le comte Edouard ajouta à ce domaine du Petit-Saint-Bernard les églises de Villette, des Chapelles et de St-Germain de Séez, en Tarentaise ; les hospices de Morgex et de Marché-Vaudan, en Aoste. Enfin, autre marque d'indépendance relative, de capacité juridique et de personnalité morale, dans tous les actes postérieurs à 1174 figure le sceau de l'hospice, portant une colonne flanquée d'une étoile à six rayons et pour exergue, ces mots : *S (ignum) Capituli Columpnœ Jovis.*

A un concile de Belley en 1372, on voit le même Hugues de Verrès couvrir et excuser pour son absence le prieur du Petit-Saint-Bernard en raison des difficultés du voyage. L'affiliation s'était muée pratiquement en subordination ; car dès 1245, si en cas de vacance, le prieur n'est pas élu dans les deux mois par les religieux du St-Bernard ou de Verrès, avec obligation de lui être présenté avec les clefs de l'hospice, le prévôt y pourvoit de plein droit sur les indications de son Chapitre.

A ce régime tout canonique, succéda en 1466 le régime régalien et commendataire. A cette date en effet, le duc Amédée IX prenait le titre de prévôt commendataire des hospices des saints Nicolas et Bernard, c'est-à-dire de Colonne et de Mont-Jou. C'était aboutir à un véritable chassé-croisé d'interdépendance, lâcher l'obédience vis-à-vis de Verrès pour un retour à la règle du fondateur, c'est-à-dire à l'affiliation au Grand-Saint-Bernard, tempérée ou aggravée par l'intervention du prince. Dès lors, on remarque que « souvent des religieux de Colonne-Jou allaient occuper des bénéfices dépendant du Mt-Jou et que les prévôts de Mt-Jou intervenaient dans les questions d'intérêt de Colonne-Jou ». Et dans un Chapitre général tenu à cette époque au Grand-Saint-Bernard sous le prévôt de Tollein, il fut statué que l'on tiendrait trois religieux à l'hospice du Petit-Saint-Bernard : ce qui a été observé jusqu'en 1752.

Mais dans l'intervalle avaient éclaté les guerres de religion. Le Petit-Saint-Bernard en fut préservé ; de même que la Val-d'Aoste, l'inviolée, ce qui lui mérita son surnom de « pucelle ». Les guerres du XVII$^{e}$ siècle et les diverses invasions françaises en Aoste par le Petit-Saint-Bernard leur furent autrement sévères. C'est alors qu'en 1630 le prince Thomas construisit sur les flancs E. du Belvédère ses redoutes que les Français de la Hoquette, partis de Montmélian en 1691, vinrent détruire, non sans avoir fort mis à mal l'hospice lui-même.

Ses malheurs, puis sa restauration, avec la mention de ses appartenances, sont copieusement consignés dans « l'état de 1725 », adressé au prévôt Boniface par le prieur Paul Pellissier.

Il y est dit : 1° que l'hospice a été brûlé et détruit sur la fin du XVII$^{e}$ siècle (1691) par la Hoquette sans doute ; le même qui a aussi abattu et rasé ses bois privés et sauvagement renversé et démoli les murailles et barrières qui garantissaient ses fermes contre les torrents ; 2° que l'hospice est relevé en 1712, mais qu'il demeure sans eau avec une chapelle et des appartements totalement démunis de mobilier ; 3° que pour reprendre son fonctionnement, il y a urgence à rétablir les actes de reconnaissance des fiefs, détruits ou périmés.

Suit l'état des biens et dépendances du Petit-Saint-Bernard en 13 articles dont voici les sept concernant la Tarentaise : 1° Deux maisons avec jardin, prés et champs à Séez, « le seul endroit plus proche et plus commode pour déposer et garder les provisions, recevoir les quêtes, dîmes et cens ; pour le changement d'air et pour lieu de retraite à l'usage des religieux en cas de maladie. J'y ai fait déjà quelques réparations, déclare Pellissier, et acheté quelques meubles » ; — 2° la ferme de l'Isle, sa grange et sa chapelle, saccagées par les Français, sur les bords du Versoyen et d'un revenu de l. 140 ; — 3° la ferme de la Ravoire et sa montagne de la Berge (l'alberge?) à Hauteville-Gondon ; — 4° les montagnes de Plan Gerbier (sur la route du col) et des Lanches, côté N. de l'hospice, depuis la seconde perche proche de la Colonne jusque à la maison au-dessus du chemin ; un communage que la paroisse de Séez veut enlever ; plus la montagne de Lalay, acquise depuis peu ; — 5° les cens, servis, aumônes en blés et en argent ; — 6° les dîmes du comté de la Val-d'Isère et du marquisat de Saint-Maurice : elles ne sont pas en très bon état et celles de Montvalezan presque réduites à rien, soit à 1/3 ; celles de Séez, si mal payées qu'il n'en reste rien pour la peine de les recueillir : le tout grevé d'une rente de 58 setiers de blé, orge et seigle à servir au Comte de la Val-d'Isère ; — 7° les quêtes, faites encore en 1725 : elles sont de si peu de conséquence que le Prévôt de Mont-Jou a défendu de les continuer, ce qui prouve que le Grand-Saint-Bernard dut prendre sur lui d'administrer et entretenir le Petit-Saint-Bernard.

Au total, c'est la déchéance et la vie si précaire que le même Pellissier en 1726 offrit au Prévôt sa démission qui d'ailleurs lui fut refusée. Ainsi végéta l'hospice jusqu'en 1752, dans le marasme qui marque la fin de *l'ère des prieurs*.

*Les Prieurs :* De ces titulaires on connaît mal la succession. Il suffira de citer la série de ceux qui nous sont parvenus d'après la signature des actes et reconnaissances conservés à ce jour. On cite : Pierre, mentionné en 1160 ; Gontier en 1176 ; Vuillielme, 1245 et 1256 ; Guillaume Nervi qui en 1341 aurait refusé au prévôt de Verrès le droit de visite dans l'hospice de Colonne-Jou ; Pierre de Villetta 1342 ; Pierre Arnod 1361 ; Pierre 1368 ; Pierre Maczu 1400 ; Humbert de Volveria 1401-08 ; Antoine de Volveria 1408-33. Après lui, les prieurs du Petit-Saint-Bernard se confondent avec les prévôts du Mont-Jou : B. Amé IX de Savoie 1466 ; François, Louis et Philippe de Savoie, tous prévôts commendataires, supérieurs ou simples protecteurs laïques ; Jean de Foresta 1532 ; Jean Rullier 1554 ; de Longa Comba ; Ours Arnod 1646-49 ; Duclos, mort en 1710, qui entreprit la restauration de l'hospice, achevée en 1712 ; François Meilleur 1712-18 ; Jean-François Perrier 1718-24 ; Jean-Paul Pellissier, auteur de *l'état* de 1725, de 1724 à 1727 ou 1746 ; Jean-André Personnetta, porté comme résidant à Séez en 1752 et Jean-Antoine Sielly, contemporain de la sécularisation de l'hospice en 1752 ; celui-là même qui fut expulsé de l'hospice le 31 octobre 1752 par l'abbé Bizel, un Valdôtain délégué à cet effet par l'Ordre des Saints Maurice et Lazare, sur l'ordre du roi de Sardaigne approuvé par bulle pontificale de Benoît XIV du 19 août 1752. Tout compte fait la série des prieurs s'honore de vingt-quatre noms, et elle n'est pas complète, il s'en faut.

### 4° La Sécularisation ; — l'Hospice Mauricien et les Recteurs.

La sécularisation fut l'œuvre du roi Charles-Emmanuel III . Peut-être faut-il y voir un coup du despotisme éclairé, la tentative d'un prince très épris de son autorité et désireux de soustraire les moines du Petit-Saint-Bernard et leurs biens à la domination étrangère de leurs frères et du Prévôt du Grand-Saint-Bernard en Valais, donc sujets suisses. Il y eut effectivement « translation de propriété » : nous n'avons pas à apprécier autrement une opération couverte par l'approbation d'un Benoît XIV dans sa bulle : *In superemi-nenti* du 19 août 1752 ; d'autant plus que celle-ci sauvegardait le but de l'œuvre en conservant et renforçant même le caractère hospitalier de l'établissement du Petit-Saint-Bernard.

Il fut donc entendu que celui-ci, détaché du Grand-Saint-Bernard, serait sécularisé et tous ses biens *remis* à l'Ordre des Saints Maurice et Lazare, qui n'était plus que théoriquement religieux et militaire et dont Charles-Emmanuel était le Grand-Maître. Il prenait possession de l'hospice avec tous ses bénefices et avoirs, de même que ceux du Grand-Saint-Bernard situés en territoire sarde, à charge de fonder à Aoste un hôpital pour tous les malades de n'importe quel pays. La bulle spécifiait que « l'hospitalité serait maintenue et même augmentée sur le Petit-Saint-Bernard, de manière que les pauvres passants y fussent très bien reçus et soignés ». Cette charge était dévolue à l'administration de l'hôpital mauricien d'Aoste, « bénéficiaire de tous les biens des Grand et Petit-Saint-Bernard dans les Etats de S. M. » en Aoste et Tarentaise.

En réalité, « on conserva sur le même pied qu'auparavant l'hôpital du Petit-Saint-Bernard », au dire de Besson (*Mémoires*), qui cependant n'y vit en 1759 « qu'un triste et petit bâtiment ». Un prêtre séculier du diocèse d'Aoste, sous le titre de Recteur, prit la place du prieur des temps passés afin d'y continuer, avec l'aide de quelques serviteurs gagés, les secours aux voyageurs et le soin des intérêts de l'établissement. On sait de quelle élégante façon s'opéra la transmission de la direction. Non moins élégant aurait été, ce même jour, le geste de Charles-Emmanuel ordonnant à ses commissaires d'opérer la saisie, entre Etroubles et Saint-Oyen, d'un convoi de vingt mulets chargés de provisions pour l'hospice du Grand-Saint-Bernard, sous le spécieux prétexte que, provenant de ses Etats, ils n'en pouvaient plus être distraits. Geste tout à fait symptomatique, que la Révolution française n'aura plus qu'à reprendre et amplifier. (Favre et Révial : *id.*, p. 104.)

Néanmoins, l'adaptation au nouveau régime se fit rapide et, il faut le dire, heureuse. Les regrets du passé s'atténuèrent vite, car depuis lors, « le recteur n'a plus ni quêtes à faire, ni dîmes à percevoir, ni cens à exiger, ni campagnes à faire cultiver, ni fermes à réparer, ni titres à renouveler. Les biens ont été aliénés au fur et à mesure que le prix de vente offrait une plus grande utilité pour l'hospice, et dans un besoin d'argent, on le trouve à l'hôpital d'Aoste ».

Ce régime du rectorat s'est perpétué jusqu'à nos jours sauf une longue interruption de 40 ans, de 1795 à 1836, provoquée par la Révolution et une courte tentative de laïcisation où, de 1860 à 1866, le recteur fut réduit au rôle de simple chapelain, sous les ordres d'un économe laïque. Ce dernier ayant fait faillite, on rendit au chapelain, en l'espèce, l'abbé Chanoux, son titre de recteur et toutes ses attributions. Il justifia si bien ce retour de confiance qu'au lieu du passif des années précédentes, son premier exercice se solda par un avoir de 1.000 fr.

Toute la série des recteurs nous est parvenue. Ce sont : Jean-Valentin Marty, 1753-64 ; J.-B. Alliod, 1764-71 ; Martin-Bruno Brunod, 1771-76 ; Marc Thedy, 1776-80 ; J.-Jacques Bondaz, 1780-83 ; Jean-Martin Brunod, 1783-89, devenu curé de Montvalezan ; J.-B. Brunod, 1789-91 ; Nicolas Gontier, 1791 au 10 mai 1795 : provisoirement maintenu par la Révolution après l'occupation du col le 24 avril 1794, c'est-à-dire pendant qu'il lui fut utile ; il fut ensuite expulsé : après avoir pressé l'orange on en jetait l'écorce. A la restauration de l'hospice en 1836, surviennent : Jos. Dondeynaz, qui, jusqu'en 1847, « assisté de serviteurs robustes et vigoureux, perfectionne l'hospice et accroît ses bâtiments » ; Guichardaz, 1847-59 ; Chamonin, le premier chapelain délégué auprès d'un « économe laïque qui *ne doit traiter gratuitement que les pauvres et se comporter en maître d'hôtel à l'égard des passants en état de payer leur écot* » (telle est encore, à ce jour, la formule de l'hospitalité au Petit-Saint-Bernard) ; le remarquable Chanoine Chanoux, simple chapelain de 1859 à 1866, puis recteur jusqu'au 10 février 1909, où il trépassa blanchi sous les ans et les frimas, plein de jours et de mérites, ayant passé et bien rempli un bon demi-siècle au col ; l'homme de Dieu qui, après St Bernard, a le plus fait pour le bon renom du Petit-Saint-Bernard ; M. Camos, du 16 mai 1909 au 7 novembre 1919, actuellement curé d'Arvier en Aoste, une des résidences d'été de la reine-mère Marguerite ; enfin son digne successeur d'aujourd'hui, M. l'abbé A. Plassier. L'hospice en est donc à son 14e recteur. La période révolutionnaire et impériale a seule empêché d'en allonger la liste. Qu'est-il, alors, advenu de l'hospice?

## 5° La Révolution et l'Empire.

On en est réduit à des conjectures en ce qui concerne son sort au cours des opérations dont il fut le témoin et peut-être l'enjeu, de 1793 à 1795. Il est plus probable que, sans avoir été absolument épargné, on se soit efforcé de le ménager et de le conserver aussi intact que possible, moins par respect que par nécessité. Il était, en l'état, de bonne prise, étant le seul abri dans ces sommités à l'usage des malades et des blessés comme contre les intempéries ou quand la bataille chômait. C'est, du moins, ce que semble affirmer un contemporain, le préfet Verneilh (*Statistique du Mont-Blanc*, 1807, p. 125) : Ce bâtiment, dit-il, a servi pendant la guerre d'hôpital, de caserne ou de magasin, tantôt aux Français et tantôt à l'ennemi. Maintenant (*sous l'Empire*) une brigade de gendarmerie y est stationnée comme poste militaire. Elle était, en dernier lieu, sous les ordres du commandant qui résidait à Bourg-Saint-Maurice. Si, comme il y a lieu de le prévoir, cet ancien asile vient un jour à être rétabli, on pourrait en confier le service à l'hospice du Mt-Cenis dont il serait comme une annexe, et qui y placerait un de ses religieux. »

Cette prévision dissimule à peine un vœu personnel du préfet. Il cheminera ; nous l'allons retrouver après lui, en 1810, conjointement avec le projet de la route à voiture. Les deux semblent se tenir, car nul doute que l'hospice, comme au Cenis, eût été rétabli si la route avait pu l'atteindre. En effet, parmi les délibérations du Conseil général du Mont-Blanc, session du 15 au 29 février 1810 (L. 53), nous relevons un « vœu pour une succursale du Mont-Cenis à l'hospice du Petit-Saint-Bernard, dont le recteur serait un vicaire de l'abbé du Mont-Cenis et payé par lui ». Comme pour le projet de route, l'initiative était venue du Conseil d'arrondissement de Moûtiers qui avait « sollicité la restauration de l'hospice sur la Montagne du Petit-Saint-Bernard ». Le Conseil général lui emboîte le pas en « émettant le vœu pour que cet édifice soit rétabli et mis comme succursale à la disposition de M. l'abbé du Mont-Cenis, en priant M. le Préfet de solliciter auprès du gouvernement une augmentation de revenus à l'hospice du Mont-Cenis, de manière à faire face aux dépenses qu'exigera l'établissement de la succursale réclamée sur le Petit-Saint-Bernard ».

Ce vœu n'eut pas un meilleur sort que celui de la route. Les gendarmes continuèrent, jusqu'à la chute de l'Empire, à garder le col, sans doute beaucoup plus attentifs aux passants qu'à l'entretien de l'hospice-caserne.

### 6° Vers la Restauration.

Mais la ruée des Sardes et des Autrichiens par le Petit-Saint-Bernard lors de l'invasion générale fut singulièrement plus funeste encore à l'établissement, témoin cet autre vœu très pressant et longuement motivé de l'assemblée de Moûtiers, en date du 5 octobre 1814 (F. S. 573) :

« La commission subsidiaire de l'arrondissement de Moûtiers ayant ouï la lecture de la lettre du maire de la commune de Séez et du sieur Flandin, géomètre, domicilié dans celle du Bourg-Maurice, sous date du 1er et 2e de ce mois, desquelles il résulte qu'ayant fait ensemble la traversée de la montagne du Petit-Saint-Bernard pour y faire exécuter les réparations nécessaires à la route qui traverse de cette province dans celle de la Val-d'Aoste et de là en Piémont, et reconnaître si le jalonnement était en bon état, en exécution des ordres de cette commission, ils ont remarqué que l'hospice établi sur cette montagne pour servir de refuge aux voyageurs, et *qui était encore en état dans le mois de janvier dernier*, n'est plus maintenant qu'une *mauvaise masure couverte*, qu'il n'y existe plus ni portes, ni grillages, ni chassis, ni autres objets quelconques, en sorte que le voyageur n'y trouve plus aucun abri et qu'il serait très urgent de supplier S. M. de vouloir bien donner ses ordres pour le rétablissement d'un hospice considéré jusqu'à présent comme le point de salut des voyageurs qui ont le malheur de s'égarer principalement dans la mauvaise saison.

Considérant que l'hospice du Petit-Saint-Bernard, établi vers l'an 1462 par la munificence de nos augustes Souverains, fut doté ensuite sur les revenus de l'ordre royal et militaire des Saints Maurice et Lazare qui y entretenait un prêtre séculier avec deux ou trois domestiques, ainsi que des chiens dressés à chasser et diriger les voyageurs égarés pendant la mauvaise saison sur la longue traversée de cette montagne très élevée où il tombe une quantité prodigieuse de neige pendant près des 2/3 de l'année, qui faisait distribuer aux passants des secours en pain et vin, et retirait pendant trois jours ceux qui se trouvaient surpris par le mauvais tems.

Considérant que le gouvernement français avait également reconnu l'importance de ce précieux établissement, car il y entretenait une brigade de gendarmerie sous les ordres d'un commandant militaire ; mais que s'étant retiré lors de l'occupation de ce pays par les troupes autrichiennes, c'est depuis cette époque que sont arrivées les dégradations.... et c'est depuis lors aussi qu'ont péri sur cette montagne plusieurs voyageurs restés sans secours.

Considérant qu'il serait bien à désirer que cet hospice fût rétabli et administré comme il l'était anciennement, que ce serait un nouveau bienfait de la bonté paternelle de S. M. qui arracherait à la mort tant d'individus qui périssent faute de secours ;

Arrête qu'elle est d'avis que cette commission supplie très humblement S. Exc. M. le Comte d'Agliano, commissaire plénipotentiaire de S. M. et Commandant général militaire de la Savoie, de vouloir bien porter aux pieds du trône l'expression des vœux très respectueux que fait cette commission pour le rétablissement de l'hospice du Petit-Saint-Bernard et de vouloir bien aussi, si S. Exc. le juge convenable, commettre M. Ougier, architecte domicilié de cette ville, ou tel autre qui lui plaira, pour dresser le plan et devis estimatif des réparations que les bâtiments dudit hospice peuvent exiger, afin d'éclairer le gouvernement sur ce qu'il jugera convenable d'ordonner. »

Le gouvernement se laissa attendrir, d'autant que les « dégradations » survenues à l'hospice étaient son fait ou, ce qui revient au même, celui de ses peu attachants alliés, les Autrichiens. D'autre part il lui importait au plus haut point de gagner les sympathies de la Savoie alpestre que le 1er traité de Paris du 30 mai 1814 venait de lui restituer. L'opération était de bonne guerre, le placement, de tout repos.

Disons tout de suite que le capital immobilisé n'eut rien de ruineux, les risques peu redoutables ; que sa décision n'eut rien de somptuaire et qu'elle se borna à aider très parcimonieusement une simple initiative privée.

## 7° Le Cantinier ou Prête-secours Raymond (1815-36).

Les anciens biens du Petit-Saint-Bernard passés à l'ordre mauricien avaient sans doute, par application des lois révolutionnaires après l'annexion de la République Cisalpine, été sécularisés une seconde fois et aliénés. Le gouvernement sarde se garda bien de se substituer à l'hospice d'Aoste et d'en assumer les charges, y compris l'entretien du Petit-Saint-Bernard. D'autre part, il ne pouvait décemment inviter un recteur à venir réintégrer « une mauvaise masure couverte. » Il fit plus simplement les choses, et par l'appât d'une réparation de fortune et d'une subvention mise aux enchères à seule fin de la réduire en adjugeant l'entreprise au moins prenant, il sut réaliser ce tour de force de rouvrir l'hospice et d'y assurer à coup de lésineries, dès février 1815, un minimum d'hospitalité. C'est ce qui résulte de ce témoignage officiel du 11 septembre 1816 (F. S. 573) :

« La traversée du Petit-Saint-Bernard pour la communication de ce Duché (de Savoie) avec la Vallée d'Aoste présente les plus grands dangers pour les voyageurs dans la saison des neiges. Il existait anciennement sur cette montagne un hospice destiné à prêter aide et secours à ceux des voyageurs qui ne pouvaient continuer leur route ou qui s'en égaraient, à l'instar de l'hospice du Grand-Saint-Bernard. Cet utile établissement a cessé et les bâtiments qui en restent ont servi pendant la Révolution de caserne à une brigade de gendarmerie.

Lors de la prise de possession de la partie du Duché restituée par le traité du 31 mai 1814, M. le Comte d'Agliano, commissaire plénipotentiaire de S. M., reconnut la nécessité de rendre ces bâtiments à leur ancienne destination et de les faire occuper par une personne qui remplirait à l'égard des voyageurs tous les devoirs d'hospitalité et qui leur fournirait tous les secours dont ils pourraient avoir besoin dans la traversée de la montagne pour prévenir ainsi des accidents qui se renouvelaient chaque année.

Ensuite de sa détermination, le sieur Pierre-Marie Reymond s'est établi avec sa famille audit hospice depuis le mois de février 1815 en qualité de *prête-secours* pour les voyageurs, au moyen d'une indemnité annuelle de 800 fr., et à y assurer gratuitement aux voyageurs indigents le logement et la subsistance pendant le tems qu'ils ne pourraient continuer sans danger leur route.

Il a exécuté ponctuellement jusqu'à ce jour ses engagements, mais il serait bientôt forcé d'abandonner ce poste si on ne fait exécuter au bâtiment qu'il occupe des réparations indispensables et dont l'exécution est urgente avant la chute des neiges. »

Le devis joint à la demande les évalue à 205 fr. 36!

Or, au 27 mai 1816, il est dit qu' « une partie de la toiture s'effondre ; le reste menace ruine ; qu'il y a urgence à refaire l'aqueduc ou canalisation qui amène l'eau au puits de la cour intérieure de l'établissement, car l'aqueduc et le puits s'étant comblés pendant la période d'abandon, l'eau se perd en route ». La mauvaise masure n'est même plus tout à fait couverte.

Néanmoins Raymond avait dû à de hautes interventions d'évincer un rival en la personne d'un nommé Pierre-Alexandre Grenoud, de la Thuile en Aoste, célibataire, dont la demande, le 23 novembre 1814, n'avait pas été agréée à ce poste de dévouement... et de confiance. Les premiers renseignements recueillis sur son compte lui faisaient « une réputation équivoque et convainquirent l'Intendant qu'il serait tout au moins inconvenant de donner à Grenoud la confiance qu'il sollicite et qu'il ne paraît pas mériter ».

Le 29 novembre 1814, le maire de Séez, Charles-Joseph Favre, appuyait encore la note défavorable pour mieux faire valoir son candidat et son administré. Parlant de Grenoud : « Sa réputation personnelle n'est pas des mieux fondées, déclare-t-il, et sa fortune est sinon nulle, au moins très mince, et au dire de tous ceux à qui j'en ai parlé, il est peu propre à occuper ce poste ;... tandis que P.-M. Raymond qui s'offrirait à y aller demeurer avec sa famille sous des conditions à convenir, sa bonne réputation et sa fortune sont très connues du Conseil (de Séez) ». Encore un écho de la vieille querelle pastorale des deux versants.

Pierre-Marie Raymond fut donc l'élu, ainsi qu'en témoigne sa soumission que voici : « Je soussigné, P.-M. Raymond, domicilié de la commune de Séez, instruit que le gouvernement se propose d'établir sur le Petit-Saint-Bernard une halte et des secours nécessaires pour le soulagement des voyageurs et des passans, notamment pour la classe indigente, déclare me soumettre à y fixer ma résidence habituelle avec ma famille et, en outre, un domestique mâle, fort et vigoureux, au moyen : 1° qu'il me sera fourni un logement suffisant composé de deux chambres, une cuisine et une cave en bon état ; 2° que j'aurai la jouissance des places et dépendances attenantes audit hospice, qui l'environnent ; 3° de la somme annuelle de 800 frs. qui me sera payée, savoir, la moitié dans le courant de ce mois, et l'autre moitié à la fin de l'année, et ainsi continuer chaque année de semestre en semestre.

Au moyen de ce paiement, de ce logement et jouissance d'emplacements environnants, je me soumets de prêter toutes aides et assistance aux voyageurs pour leur passage dans ladite montagne, et de fournir gratuitement à ceux qui seront dans l'indigence, le gîte, un verre de vin, la soupe et le pain nécessaires pour leur subsistance, par jour, pendant le temps qu'ils ne pourront pas pousser leur marche plus avant sans danger.

Pour la facilité de ces mêmes voyageurs, je m'oblige en outre, lorsque je pourrai aborder ceux qui se seraient déviés ou qui seraient en danger, d'aller à leur rencontre, soit par moi-même, soit par mes gens ou domestiques, avec les secours qui seront en mon pouvoir, tels entre autres qu'eau-de-vie, vin ou autres subsistances et secours indispensables et praticables dans le cas de l'espèce.

Je promets, en un mot, de ne rien négliger de ce que l'hospitalité et les principes de l'humanité et de bonnes mœurs peuvent suggérer pour secourir ceux qui voyagent et traversent cette montagne, soit en gîte, asile, soit en subsistance, autant que la localité pourra le permettre ; — bien entendu que ce secours ne sera gratuit que pour les personnes évidemment pauvres, et que, quant aux autres, elles devront m'indemniser et me payer le prix des objets et denrées que je pourrai leur fournir, à un taux raisonnable et modéré relativement au local.

Et comme, soit ma sûreté personnelle dans un lieu aussi aspère (âpre), soit celle des voyageurs eux-mêmes exigent que je puisse me tenir en mesure contre toute tentative de la malveillance ou de gens habitués au crime, je demande en outre, comme condition expresse, qu'il me soit permis d'avoir et de porter, soit moi, soit mes gens et domestiques, des armes suffisantes et propres à notre défense..... » Suit la présentation « du sieur Pivoz Jean-Jacques, propriétaire et commerçant natif et domicilié de Scéez, pour caution solidaire de tous ses engagements ». — Fait à Moûtiers, le 9 janvier 1815 et agréé ce même jour par le vice-intendant général de la Savoie.

Ce dévouement incontestable avait, semble-t-il, ses séductions intéressées, car s'il était une charge pour la conduite des voyageurs et l'assistance des indigents, les passants aisés ne devaient pas manquer d'y laisser leur obole sous l'espèce du prix de leurs consommations, « un prix conforme au local ».

La preuve en est, lorsque vint de la part de l'intendant de Moûtiers l'ordre de surseoir provisoirement aux réparations indispensables, faute de crédits, dans la déception de Raymond et son impatience à s'installer malgré tout, alléguant, pour forcer la main à l'intendant et l'engager à faire les premières réparations, « qu'il avait loué son bien, acheté six charges de vin et quelques autres provisions..., ainsi qu'un fort chien qui lui devient à charge, et que provisoirement, en fait de réparations, il se contenterait de trois portes sur cinq, de cinq fenêtres sur huit, à condition d'y monter *dans un bref délai* ».

Ce fut en effet la carte forcée, et le 5 février 1815 il est à même de fournir, s'élevant à 212 fr., à charge de lui être remboursés, un état des réparations qu'il a lui-même engagées. Elles consistaient « entre autres : en une porte principale d'entrée en bois noyer, avec ses gonds, plattes, serrure et clous à vis ; quatre autres portes à panneaux en bois sapin avec toute leur ferrure, serrures et loquets ; en huit fenêtres et une trappe pour la cave outre le plâtrissage et curement du puits... ; le tout solide, propre et en état de due réception suivant les règles de l'art. Son logement se trouvant, moyennant ce, provisoirement habitable et accepté par lui jusqu'à ce que la saison permette d'y faire les autres travaux jugés indispensables, ledit Raymond s'oblige à s'y rendre et établir *de suite*, sous toutes les garanties et peines de dommages, intérêt et dépens, tels que de droit... ; attendu que c'est principalement dans la saison qui arrive (au printemps) que les voyageurs commencent à essayer de traverser cette montagne, et que les communications se rouvrant par cette gorge, les secours y deviennent par conséquent plus nécessaires et précieux, en raison des dangers plus fréquents aux époques de la fonte des neiges ».

Incontestablement il flairait une bonne affaire et, chose remarquable, l'entreprise fonctionna si bien qu'elle rallia tous les suffrages sur les deux versants. C'est ainsi qu'on voit, au 19 mars 1816, les Conseils de Séez et de la Thuile se concerter pour appuyer une demande de Raymond « pour tenir un second domestique mâle du 1er octobre à fin mai et pourvoir à son salaire et logement, attendu que lui-même est obligé de quitter l'hospice pour accompagner les passants et leur indiquer la route sur un versant du col, que son domestique fait de même sur l'autre versant, tandis qu'il ne reste à l'hospice que son épouse et trois enfants en bas âge ».

Il y eut cependant une déception, le baptême de

l'épreuve. Elle fut, il est vrai, de courte durée, juste le temps de ce marasme général que déchaîna en Savoie la famine de 1816 et 1817, provoquée par des intempéries de toute nature et une saison constamment froide et pluvieuse. Dans les hautes vallées spécialement où la neige persista presque tout l'été 1816, les récoltes pourrirent sur pied ou n'arrivèrent pas à maturité. On manqua de tout, on eut littéralement faim ; l'affluence des sans-travail et des affamés fut énorme partout. Rebutés en Savoie, ils refluèrent en Piémont ; le flot en vint battre les portes de l'hospice : « Leur nombre a été tel, déclare Raymond dans une demande de secours, que les denrées ayant doublé et triplé de prix..., le requérant y a épuisé ses ressources parce que le nombre des malheureux a augmenté chaque jour... Il n'a même pas touché son traitement de toute l'année 1817 ». (Sort qu'il partagea avec la plupart des fonctionnaires, le budget sarde ayant été presque entièrement affecté au soulagement de la misère publique.) Naturellement il le réclame, avec, en plus, une gratification de 400 fr. Et le 9 février 1818, le vice-intendant de Moûtiers, V. Gloria, appuie sa requête en faisant observer « que le sieur Raymond a dû prêter cette année (1817) des secours à un plus grand nombre de voyageurs pauvres qu'à l'ordinaire, attendu que le prix extraordinaire des denrées en Savoie a induit beaucoup de monde à se transporter en Piémont pour y trouver des moyens plus faciles de subsistance ».

Mais les pluies continues ayant cessé dès juillet 1817, la récolte avait été normale en fin de saison ; si bien qu'en 1818 au Petit-Saint-Bernard la place était redevenue bonne et Raymond la tient bien. La prospérité est telle que de 1815 à 1818 sa famille a passé de trois à six enfants, preuve que la gêne de 1817 n'a pas été pour lui une pierre d'achoppement. Il ne peut même plus suffire à la tâche en raison de la reprise du transit, du souci de l'éducation de ses enfants, de l'âge et de la fatigue occasionnée par « une tâche dont il s'acquitte exactement comme il a toujours fait par le passé et qu'il promet de remplir avec toujours plus de zèle », déclare V. Gloria, le 29 mai 1818. Toutes ces raisons incitent le prête-secours à faire descendre à Séez sa femme et ses six enfants pour mieux assurer leur santé et leur éducation, et à s'adjoindre un associé en la personne de J.-B. Grand, approuvé d'ailleurs par le Conseil de Séez.

C'est la dernière mention qui soit faite, à notre connaissance, de son séjour au Petit-Saint-Bernard. Il continua vraisemblablement jusqu'en 1836, à y assurer le bonheur des voyageurs et à y être heureux lui-même. Voilà pourquoi, comme pour les peuples qui n'ont pas d'histoire parce qu'ils sont heureux, la sienne se clôt en 1818 avec l'avènement de son propre bonheur. Une statistique de la Tarentaise en 1822 se contentera de signaler son institution, sans le nommer : « C'est sur le territoire de Séez et Saint-Germain, au sommet du Mont-P.-S.-Bernard dans l'endroit le plus périlleux, qu'il se trouve établie une maison d'asile où un prête-secours est payé par le gouvernement pour secourir les voyageurs qui seraient surpris par le mauvais tems dans quelle saison que ce soit ».

## 8° La Restauration.

La cantine Raymond fut même d'autant plus nécessaire que, sans préjudice pour les soins à donner aux passants, elle dut servir de restaurant ou de maison de pension à l'importante main-d'œuvre employée à la reconstruction de l'hospice. Les travaux durèrent 10 ans, de 1826 à 1836. L'hôpital mauricien d'Aoste avait pu jusque-là récupérer les biens de l'Ordre, et quand son propre fonctionnement fut repris, son directeur, le commandeur Aimé d'Entrèves, songea à l'œuvre annexe, au rétablissement de l'hospice du Petit-Saint-Bernard. Il y fut aidé par les subventions du gouvernement sarde et par les libéralités de celui de Charles X, roi de France, avant l'exil de 1830. Il avait pu déjà, au cours des travaux, assurer au cantinier un supplément de traitement de 500 fr.

L'inauguration du nouvel édifice eut lieu le 29 juillet 1836, en même temps que l'installation du nouveau recteur, un Valdôtain, suivant la tradition, originaire d'Ayas : Jean-Joseph Dondeynaz, auquel on adjoignait « des serviteurs robustes et vigoureux, conformes au local ». Cela allait de soi, car la vie au Petit-Saint-Bernard, en hiver du moins, n'est point douce aux malingres.

Nous savons que Dondeynaz « perfectionna l'hospice et accrut ses bâtiments ». Nous connaissons pareillement le nom et la durée du rectorat de ses successeurs : Guichardaz, Chamonin, Pierre Chanoux, Camos et Plassier ; Chanoux surtout, le légendaire, un modèle de longévité, de complaisance, de parfaite urbanité :

le prêtre accompli. Né à Champorcier (Aoste) le 3 avril 1828, prêtre le 2 juin 1855, recteur du Petit-Saint-Bernard le 27 août 1859, il y est décédé le 10 février 1909. Le col se devait de garder la dépouille de ce bon serviteur : elle repose dans un oratoire-mausolée entre l'hospice et la Chanousia, les deux grands amours de sa longue et belle vie, après le bon Dieu. Ame d'artiste, d'une universelle compétence, membre d'une foule de sociétés savantes, il fut un apôtre autant qu'un savant. Toutes les paroisses voisines sur les deux versants ont pu apprécier, de même que les voyageurs du col, les trésors de sa charité évangélique. La science lui doit être reconnaissante d'avoir révélé la géologie et plus spécialement la flore de sa montagne, dont il a su grouper toutes les espèces dans sa *Chanousia*. Il a aussi bien révélé le col et tous ses belvédères au tourisme et à l'alpinisme. Le Miravidi, baptisé par lui, perpétuera le souvenir de ses ascensions qui ne rebutaient point sa verte vieillesse. Il est l'auteur de la statue qui surmonte la Colonne-Jou, comme il eut l'initiative de celle, plus monumentale, qui domine le versant français. Par lui l'ascension du Petit-Saint-Bernard est devenue une promenade d'agrément, une excursion d'un très réel intérêt scientifique, archéologique et touristique.

---

# CHAPITRE V.

## LES VOGAGEURS OU L'HISTOIRE AU PETIT-S$^{t}$-BERNARD.

L'hospice n'a point supprimé l'altitude du col ni ses intempéries ; il n'a fait qu'en tempérer les rigueurs et ménager aux voyageurs un bienvenu réconfort. Mais tous ne l'ont pas également apprécié. S'il fut particulièrement accueillant aux isolés et à la troupe des pacifiques, pas plus qu'une simple auberge sur la route il ne pouvait prétendre ravitailler les armées de passage. Un col ne saurait être un centre d'approvisionnement ni une gare régulatrice. Voie de passage par définition, il devait être aussi bien un point stratégique et donc un point de mire qu'il importait de garder ou d'occuper. Le pire est que la loi brutale de la guerre voulut que si les uns surent le respecter à seule fin de l'utiliser, d'autres, et ce fut le grand nombre, furent sans égard pour sa faiblesse et sa timide bienfaisance. Nous y allons donc suivre les militaires, après quoi le défilé de quelques bonnes gens, des paisibles, nous reposera des brutalités des « gens d'armes ».

### 1° Les Militaires.

On a tout dit sur le rôle des cols, voies de passage transalpines. Cet attribut relève de la position centrale des Alpes en Europe et du fait qu'elles se dressent entre des pays de climat et de productions différents pour y ménager les seules voies d'échange possibles. Elles sont donc des barrières élevées par le relief, le climat et la vie économique : le tout confirmé et le plus souvent aggravé par les divisions politiques, par une frontière. Les cols s'offrent à aplanir tous ces obstacles à la fois : traits d'union aux jours calmes de la paix, ils sont des voies d'invasion pendant la guerre, les premiers points de friction où s'affrontent les peuples voisins en conflit. Il semblait que la longue occupation de ses deux versants par le même souverain dût préserver le Petit-Saint-Bernard des atteintes du fléau. Or il advint que ce maître, pour servir une ambition constamment tortueuse, plaça son amitié intéressée dans la plupart des conflits armés entre ses grands voisins, de telle sorte que sa faiblesse épargna rarement à ses Etats les malheurs de l'invasion. Il y récolta des coups mais aussi d'avantageuses compensations. Le Petit-Saint-Bernard ne connut guère que les premiers.

Ainsi, pour son malheur, on peut affirmer que presque toute l'Histoire de l'Europe a passé par le Petit-Saint-Bernard, et si les tournants de l'histoire sont aujourd'hui en défaveur, c'est une disgrâce qui ne saurait atteindre cette plaque tournante des Alpes franco-italiennes et ce très authentique *tourniquet de l'Histoire*. Nous l'allons voir à l'œuvre.

Nous laisserons tout d'abord les amis des vraisemblances et les points inutiles constructeurs d'hypothèses à leurs savantes dissertations sur les conflits problématiques entre peuples alpins, Ceutrons de la Tarentaise d'une part, Salasses d'Aoste de l'autre ; sur les événements où ils auraient opposé un front commun à la conquête romaine ; sur le passage d'Hannibal ;

sur celui de certaines légions de la conquête de la Gaule, de toute la série des invasions barbares depuis les Burgondes et les Lombards jusqu'aux Sarrazins et Hongrois du xe siècle ; sur les étapes enfin de la reconquête par les premiers princes de Savoie, les bien nommés « portiers des Alpes ».

A partir du XIIIe siècle le terrain se fait moins mouvant [1]. La simple chronologie qui va suivre, concernant les événements militaires et les passages princiers intéressant le Petit-Saint-Bernard, en fera foi. Suivant la loi du temps et du rapprochement, elle se dégage peu à peu du domaine des conjectures pour croître en probabilité et s'affirmer dans les précisions de la période moderne.

En 1233 on surprend le comte Thomas Ier se rendant en Aoste pour y lever une armée afin de réduire Turin révolté.

Le Comte Vert Amé VI, parti de Bourg-Saint-Maurice le 12 août 1351, passe le col pour recevoir le 16 à Aoste l'hommage de ses vassaux.

En juillet 1488, on signale le passage des archers ducaux de Charles Ier de retour de la guerre contre le marquis de Saluces ; en mai 1495, celui des débris probables des troupes de Charles VIII, après Fornoue.

En 1535, la milice d'Aoste franchit le col, aide à refouler sur Chambéry les troupes de François Ier commandées par Chabot, puis, devant le retour offensif de St-Pol, se replie sur le col qu'elle garde inviolé

---

[1] Million : *id.*, p. 1-43 ; le même auteur qui, pour la seule période de 1233 à 1815, a dénombré au Petit-Saint-Bernard le passage de 33 corps de troupes.

durant toute l'annexion française, « le 1$^{er}$ mariage de 23 ans », de 1536 à 1559.

En 1577 ou 1578 : passage de troupes espagnoles.

Fin août 1590 : celui d'un renfort contre Lesdiguières en Grésivaudan.

1591 : un corps d'Italiens et d'Espagnols, dont la compagnie de Choisy, signalée à Bourg le 5 mars.

1592, en juillet : un corps analogue, dont la compagnie Fernando Cornezo.

1594, septembre : les 2.500 hommes du colonel Gamballiot se rendant à Saint-Pierre-d'Albigny.

1595, septembre : les 3.000 Urbinois du connétable de Castille et la cavalerie du marquis d'Aix se rendant en Flandre. Le passage dura cinq jours et l'arrière-garde ne quitta Bourg que le 16.

1597, juillet : le col voit défiler la cavalerie de Charles-Emmanuel avec 3.000 Italiens, pour contenir Lesdiguières devant Montmélian, Miolans et Chamousset; les 3.000 hommes de Don Alphonse d'Avalos se rendant en Bourgogne et le renfort du bâtard Don Amédée destiné à soutenir Charles-Emmanuel.

1600 : Montmélian ayant capitulé le 9 novembre, Charles-Emmanuel qui l'ignore accourt à son secours par le col le 15 novembre avec 11.500 Italiens, Espagnols et Suisses. Lesdiguières, maître de Charbonnières le 24, le refoule au-delà du Petit-Saint-Bernard.

1628, en août, passage moins tumultueux du prince Thomas et de son épouse Marie de Bourbon qui accouche à Moûtiers.

1630, juin : le même prince, après la chute de Conflans, est acculé sur Bourg et Séez d'où, après deux chocs meurtriers, il se replie sur le col pour y édifier sa redoute où il laisse 600 hommes. Il repassera encore le col en septembre 1646.

1690 (guerre de la Ligue d'Augsbourg) : St-Ruth, d'août à novembre, chasse du Genevois et du Chablais les troupes du marquis de Sales, du comte de Bernex et de l'intendant Cagnol et les reconduit jusqu'à Séez et la Thuile.

1691 : La Hoquette quitte en juin le siège de Montmélian pour aller saccager la Val d'Aoste. Il établit son camp d'abord à Morgex, puis le ramène à Séez, d'où il rappelle toutes ses troupes pour rallier les assiégeants à Montmélian le 22 juillet, non sans avoir incendié et détruit l'hospice.

1698, septembre : passage de Victor-Amédée II, suivi d'une parade somptuaire à Moûtiers.

1700, octobre : le même vient par le col à Chambéry « pour changer d'air ».

1703, décembre (guerre de Succession d'Espagne) : Le marquis de Sales, chassé de son retranchement de Feissons-sur-Briançon par la Feuillade, se retire à Aoste.

1704, septembre : La Feuillade passe le col pour rejoindre Vendôme à Bard et occuper Aoste pendant deux ans.

1705 : St-Rémi tente victorieusement de forcer le col pour aller secourir Montmélian.

1706 : Vibraie reprend le col et Aoste qu'il rançonne, mais sans s'y arrêter.

1708 : Offensive heureuse du Duc par le col le 20 juillet : il occupe Villaroger et Bourg le 24. La contre-offensive française du marquis de Mauroux le reconduit au col le 18 août, pour en être chassé bientôt avec ses 4.000 hommes.

1711 : du col, le Duc reprend toute la Tarentaise, Conflans et Miolans à Berwick qu'il oblige à se retrancher à Barraux pour ramener ensuite son propre Q. G. à Tamié, clef des voies d'invasion vers le Petit-Saint-Bernard par la Combe de Savoie, le col de l'Haut du Four en Bauges et par la cluse d'Annecy, Faverges et Ugine.

1730 : Passage de Charles-Emmanuel III.

1742-49 (guerre de la Succession d'Autriche et occupation espagnole) : Devant l'invasion espagnole, le gouverneur de la Savoie, baron de Lornay, l'intendant général M. Bonaud, passent le col le 2 septembre 1742 avec le trésor, une partie des archives et divers objets précieux. A la contre-offensive, tandis que Schulembourg pénètre en Maurienne par le Mont-Cenis, Charles-Emmanuel franchit le Petit-Saint-Bernard avec 14.000 hommes le 5 septembre, précédé le 4 de l'avant-garde commandée par Duverger de St Thomas. Battu à Francin, il se replie sur le Mont-Cenis ; Duverger, débusqué des Bauges et harcelé par les Miquelets espagnols, rétrograde par l'Haut-du-Four jusqu'à Séez. Le col fut inviolablement gardé par les Piémontais jusqu'au traité d'Aix-la-Chapelle, le 18 octobre 1748.

1792 (Révolution) : Le général Rossi est détaché fin septembre par Montesquiou pour refouler les Sardes vers le col où ils se maintiendront dix mois, faisant front à Badelaune installé solidement à Bourg et Séez avec 14.000 hommes. Tout ce temps fut occupé à des escarmouches d'avant-postes.

1793-95 (1re Coalition) : Le duc de Montferrat, fils de Victor-Amédée III, ayant recruté trois corps de troupes, en emmène une partie par le Petit-Saint-Bernard, le 14 août, refoule Rossi sur Moûtiers et Conflans en même temps que l'autre partie atteignait Aiguebelle par la Maurienne. Kellermann qui venait de soumettre Lyon, enraye aussitôt leur avance, et reconduit vigoureusement les Sardes aux Alpes. Il est à Moûtiers le 21 septembre 1793, réoccupe aussitôt Bourg et Séez, ainsi que les anciens retranchements de Badelaune. La défensive sarde se fit des plus âpres. Saint-Germain fut plusieurs fois pris et repris, bombardé et finalement pillé et brûlé par les Révolutionnaires. Après le chômage de l'hiver, le col fut enlevé le 24 avril 1794 ; les retranchements du prince Thomas en 1630, atteints sur l'autre versant en juillet 1795. L'hospice avait été malmené et son recteur expulsé le 10 mai précédent. Tout le col était français et promu, conjointement au Cenis, à la dignité d'une des Thermopyles de la France, face aux « vils esclaves du ci-devant despote ultramontain ». Toutefois les Sardes surent se maintenir à la Thuile jusqu'en 1800, après avoir été chassés une 1re fois au cours d'un coup de main le 18 juin 1794, à en croire ces deux lettres du général Badelaune lui-même (Cardinal Billiet : *Mém. Hist. Eccl. Doc.*, p. 476) :

« Au général Dours, à Chambéry, — Je te fais part, mon cher camarade, qu'après avoir été chassés ce matin de nos avant-postes, nous avons, après le combat le plus opiniâtre, bien battu nos ennemis et chassé au-delà de la Thuile. — A Nargue-Sardes, 30 prairial an II (18 juin 1794.) »

« Au citoyen Favre-Buisson, accusateur public, —

Après avoir été frottés ce matin, nous avons chassé et rossé nos ennemis d'importance. Il y a beaucoup de morts et de blessés de part et d'autre. Le colonel marquis de Chamousset tué, un adjudant-général pris et blessé, plusieurs majors de cavalerie et d'infanterie, capitaines, officiers et soldats prisonniers. J'aurai le plaisir de vous faire passer cette clique à Chambéry au plus tôt. Fais en part à Annecy. De la vie je n'ai passé une aussi mauvaise journée ; mais je suis récompensé. — 30 prairial. »

La grossièreté chez Badelaune n'exclut pas le mordant ni la valeur militaire ; elle ne dissimule point non plus celle de l'adversaire, qui résistait avec d'autant plus d'acharnement qu'il luttait *pro aris et focis*, des autels interdits ou brisés et des foyers détruits.

C'est notamment l'histoire navrante du colonel de Bellegarde, le mari de la trop célèbre Adèle devenue l'amie d'Hérault de Séchelles, « l'Alcibiade de la Montagne », commissaire de la Convention en Savoie (Mt-Blanc) ; tandis que Bellegarde flirtait, lui, au Petit-Saint-Bernard avec les balles des sans-culottes. « Le 28 mai (1793) ces deux dames (Adèle et sa jeune sœur Aurore, l'amie probable de Simond, autre commissaire des plus répugnants, d'où le surnom de « la Simonette » auprès des mauvaises langues), partirent pour Paris », en compagnie des deux conventionnels. Le colonel de Bellegarde était toujours avec son régiment dans les gorges du Petit-Saint-Bernard. On lui mesurait la vérité. «Il aimerait mieux sa femme ailleurs qu'à Paris», écrivait un de ses compagnons, le marquis Henry Costa (*Un Homme d'autrefois*). « Le pauvre homme était tenaillé d'inquiétude et les larmes lui sortaient des yeux comme des flèches ». Et le marquis Costa, qui savait toute l'étendue du malheur, avouait que pour « ces gentilles fugitives », des commissaires de la Convention étaient de « détestable compagnie »[1]...

Par contre, dans le clan révolutionnaire la joie tenait du délire. A la satisfaction de Badelaune il faut joindre l'accueil qui fut réservé à l'annonce de sa victoire au Directoire du District de Chambéry (Séance du 3 messidor an 2e de la République française une, indivisible et démocratique, 6 h. du soir : L. 29) :

« On remet sur le Bureau une lettre venant de l'agent national du district de Mont-Salin (Moûtiers). Le président en fait lecture ; elle contient les détails des succès remportés au Montbernard par les défenseurs de la Liberté dans la journée du 30 prairial, où ils ont chassés et battus les esclaves des Roix. Les nouvelles qui sont annoncées au Directoire répandent bientôt l'allégresse au sein de l'assemblée qui la témoigne par les plus vifs applaudissements. » Elle comptait six membres pour tout potage : les citoyens Grand, Somelier, Olive, Jacquier, Chamoux, administrateurs, Velat, secrétaire général.

Enfin, sans vouloir diminuer le mérite des chefs militaires, il convient de faire la part des hommes et des *choses* qui ont aidé à la victoire. Si l'ardeur des troupes a été excitée par des proclamations enflammées dont on a pu apprécier le jargon pseudo-classique et grandiloquent, elles ont été bien plus encore électrisées par le feu des meilleurs crûs de Savoie. Le Montbernard

---

[1] Emile Dard : *Hérault de Séchelles*, 2e éd., p. 212 ; Paris, Perrin, 1907.

aura été assauté à coups de *pinard*. Voici dans quelle mesure ce roi des batailles peut revendiquer sa part du succès :

« Directoire du Mont-Blanc, séance du 25 prairial an 2$^{e}$ (L. 29) : Le Directoire considérant que les besoins de vins de nos frères d'armes du Saint-Bernard est un besoin du moment même, que les transports dès le district de Chambéry à Nargue-Sarde district de Mont-salin, entraînant un espace de tems pendant lequel nos frères d'armes en auront le plus besoin.

Considérant que le riche et l'égoïste doit en ce moment se dépouiller de son superflu pour soulager les défenseurs de la Patrie jusqu'à ce qu'il ait pu lui être restitué par une suite de mesures que doivent prendre les corps administratifs, arrête :

Art. 1$^{er}$ : Le district de Montsalin est invité de mettre en réquisition dans son arrondissement tout le vin qui existe chez les particuliers au-delà de l'approvisionnement d'un mois pour être envoyé et distribué aux avant-postes ; il est autorisé aux mêmes fins de disposer de tous *vins nationaux ou séquestrés,* » (le vin confisqué des ci-devant ecclésiastiques et nobles émigrés, et il n'était certes pas des plus mauvais !).

Les deux autres articles ont trait au transport du dit vin par voie de réquisition, de Chambéry en amont.

Comme par hasard, certains tonneaux eurent des fuites en cours de route et des futailles ne purent être restituées à leurs propriétaires pour n'être peut-être pas parvenues aux destinataires. Car le 3 messidor « le district de Chambéry fait passer au Directoire copie d'une lettre qui lui est écrite par le maire de L'Hôpital (Albertville) sur les difficultés qu'a éprouvées cette municipalité pour opérer le transport des vins destinés à nos frères d'armes au Montbernard, et le refus qu'a fait le district de faire restituer les futailles et payer les frais de transport.

Le Directoire arrête qu'extrait des pièces sera renvoyé au district de Montsalin, avec invitation de répondre aux inculpations qui lui sont faites. »

On aura remarqué au travers de toute cette prose rocambolesque le démarquage très sans-culotte des appellations de lieux à noms de saints ou à saveur religieuse : le « ci-devant superstitieux et fanatique » P.-S.-Bernard, appelé « patriotiquement » Montbernard ; Moûtiers, parce qu'il sentait le froc, devenu Montsalin en raison du voisinage de ses salines ; et cette autre perle rare : Bourg-Saint-Maurice débaptisé en Nargue-Sardes. Il est vrai qu'un retour de pudeur l'appellera bientôt, au moins aussi élégamment : Bourg-Maurice.

*L'Empire* promènera encore la guerre au Petit-Saint-Bernard, ou du moins le Consulat en 1800, et sur le tard, lors de la débâcle, en 1814 et 1815. En mai 1800, tandis que le 20 Bonaparte franchissait le Grand-Saint-Bernard et que Lannes déjà investissait Aoste, la division Chabrand, forte de 5.000 hommes, avait passé le Petit-Saint-Bernard pour se trouver devant la Cité le 19 et aider à en chasser Sardes, Autrichiens et Croates.

Au printemps 1814, les Autrichiens par le Simplon, le Valais et Genève, ceux de Zeichmeister par le Petit-Saint-Bernard, envahissent la Savoie contre les troupes de Dessaix. Pendant plus d'un an, le col ne sera plus libre de baïonnettes.

Aux Cent-Jours 1815, devant l'offensive combinée

de Dessaix, Curial, Mesclop et Bugeaud, le sarde Andezeno se replie au pied du Petit-Saint-Bernard. Renforcé par les 8.000 Austro-Hongrois et Croates de Trenck qui débouchent par le col, il reviendra se faire battre par Bugeaud à Conflans le 28 juin ; brillante victoire qui sera annihilée par les malheurs du 18 à Waterloo, appris seulement le 29 en Savoie.

Ainsi finit l'épopée militaire du Saint-Bernard, à la même date que celle de l'Empire.

## 2° Les Pacifiques.

On doit dire, à l'honneur des militaires, que, sauf les rares époques où les hostilités s'acharnèrent sur le col même, ils n'y entravèrent jamais sérieusement le mouvement des voyageurs pacifiques et du transit marchand.

1° *Les Relations locales.* — Parmi ceux-ci il convient de faire une place à part aux voisins immédiats. Le col étant mitoyen entre leurs deux vallées et leur servant de porte commune, il est tout naturel qu'ils en furent les premiers et les plus habituels usagers. C'est par là que durant tout l'Ancien Régime et jusqu'à l'annexion de 1860, s'engouffrait le flot important de l'émigration savoyarde qui, de la moyenne et haute Tarentaise, s'en allait passer l'hiver en Piémont, jusqu'à Venise et dans toute la péninsule italienne, pour échapper aux rigueurs du climat de la haute montagne, exercer les métiers les plus divers, en rapporter un modeste pécule ou s'y fixer même quand la chance se faisait tentante. Et si parfois les intempéries compromettaient la récolte, comme en 1816 et 1817, les bouches inutiles allaient y quérir de quoi attendre des jours meilleurs.

Le mouvement inverse des Valdôtains en Savoie, France et plaine suisse, n'était pas moins considérable. Nous avons vu l'impatience du prête-secours Raymond à aller s'installer au col avant le printemps « attendu que c'est principalement la saison où les voyageurs commencent à essayer de traverser cette montagne et que les communications se rouvrent par cette gorge... » La qualité des voyageurs n'y est pas spécifiée, mais il y a grande présomption qu'il s'agisse ici des Valdôtains, ces « hirondelles du printemps » qui, suivant la tradition italienne, à l'inverse de l'émigration savoyarde des « hirondelles de l'hiver », venaient fréquenter nos marchés, y vendre du bétail hiverné chez eux ou se répandre dans nos vallées pour aider aux premiers travaux agricoles. Le retour des émigrants savoyards ne s'opérait guère que pour l'ouverture de la saison pastorale en juin. Il entraînait après lui une forte équipe de main-d'œuvre valdôtaine pour la fauchaison, pour la garde des troupeaux en montagne et la fabrication du fromage. En 1805, Bourg-Saint-Maurice élève annuellement « de 100 à 120 mulets, uniquement employés au bât, parce que plus robustes que les chevaux et plus subtils dans les chemins de montagne. Tirés du Faucigny à 2 ou 3 ans, on en fait usage pendant une ou deux campagnes, pour en revendre ensuite la moitié de 200 à 500 fr. l'un à des étrangers du Briançonnais, de la Maurienne et du Piémont », venus, ces derniers du moins, par le P.-S.-Bernard. Après les mulets de la Tarentaise, le col voyait passer les moutons du Val d'Aoste. « Comme les habitants ont l'avantage des pâturages communs et qu'il leur est indispensable de se procurer des laines pour leur vêtement (et plus tard pour les usines de draps, installées à Séez vers 1816 par la maison Arpin), la plupart vont acheter au printemps à la Cité d'Aoste ou dans le canton de l'Hôpital, quelques brebis ou moutons qu'ils mènent à la montagne en été, dont ils ont la toison et qu'ils vendent au mois de fructidor à des approvisionneurs de boucherie des villes. » (1805, L. 556.)

Aujourd'hui, si les Valdôtains fréquentent peut-être moins les foires de Bourg et de Moûtiers, ils viennent tout aussi nombreux visiter nos chalets de la frontière et y faire leurs achats à domicile. La belle race tarine dont Bourg est un des centres incontestés a depuis longtemps conquis toutes leurs faveurs. Le Petit-Saint-Bernard se sera fait un des véhicules les plus actifs de sa propagation. Il faut dire cependant que ce trafic a été singulièrement entravé par les droits prohibitifs de la douane italienne ; plus encore par la dépréciation de la lire depuis la guerre. Par contre celle-ci et depuis la même époque a favorisé l'afflux en Savoie de la petite race valdôtaine, les transactions bénéficiant de la plus-value de notre monnaie. — En dehors des maquignons, le col voit encore passer des isolés qui viennent chez nous tenter un brin de contrebande, travailler aux grandes entreprises de la houille blanche à Viclaire, Sainte-Foy et autres lieux, mais surtout faire les foins dans la « plaine » de Bourg ou s'y louer au marché des domestiques commes bergers, « pachonniers » et fruitiers pour la durée des 100 jours de l'inalpage. D'autant que le change italien en a fait une aubaine fort appréciée, qui coïncide avec la crise de la main-d'œuvre chez nous et une reprise de l'exode rural particulièrement funeste à l'exploitation pastorale.

Somme toute, ainsi que par delà toutes les barricades montagneuses c'est bien cette exploitation pastorale qui, à la faveur du col, a rapproché et comme fondu la population des deux versants. Il en est résulté une sorte d'interpénétration où l'élément français, sous l'espèce de la langue du moins, a nettement pris le pas sur l'influence transalpine en-deçà de la frontière. Les fréquentes et longues occupations du Val d'Aoste par les armées françaises n'y sont pas non plus étrangères. Aujourd'hui encore on vient plus communément d'Aoste en Savoie qu'on ne va de Savoie en Aoste. Les nécessités économiques ont imposé celle d'une langue commune, la française, autant que celle des relations suivies, ce qui prouve en faveur d'un état de dépendance économique et morale du Val d'Aoste vis-à-vis de la Savoie. Le Petit-Saint-Bernard est donc un col éminemment valdôtain. C'est pour ses habitués le « Petit » tout court, sous doute par opposition au « Grand » Saint-Bernard.

L'annexion de 1860 aura été impuissante à l'interdire ou plutôt elle n'aura consacré pour Aoste qu'une sorte de désannexion et créé une façon d'irrédentisme à rebours. Le Val est donc comme une hernie de langue française poussée en terre italienne, et rattachée à la Savoie par le pédoncule du Petit-Saint-Bernard. Elle a jusqu'ici résisté victorieusement à tous les efforts tentés par le « panitalianisme » pour la réduire. Au reste, depuis la guerre, la langue de cette cellule alpestre paraît moins *barbare*, parce que plus oubliée auprès de cette poussière de « minorités ethniques » absorbées par « La plus grande Italie » de 1919 ; ou bien parce qu'un sens plus avisé des réalités se résigne à y voir une adaptation nécessaire à son trafic, ses relations, ses besoins, à son genre de vie, imposé par son relief, par sa situation à l'écart mais aux abords de cette gigantesque borne et plaque-tournante qu'est le Mont-Blanc où l'unité de langue est de rigueur.

En définitive, on ne parle ni l'italien ni le piémontais en Tarentaise, mais seulement le français et un patois local fort apparenté qui se retrouvent tous deux identiques en Aoste. Les Valdôtains sont donc, plus même que les Tarins, des polyglottes. Ils parlent quatre langues : le patois de Bourg-Saint-Maurice, la langue de la tradition et de toutes les relations pastorales, agricoles et foraines ; le piémontais par raison de bon voisinage ; l'italien, la langue nationale par ordre et persuasion ; le français enfin : un français un peu spécial, mâtiné de patois, de piémontais et de valaisan, par tradition et intérêt, la langue des affaires et de l'émigration. Savamment brimée depuis l'annexion de 1860, sauvegardée par la patiente résistance des milieux intellectuels et du clergé, longtemps on affecta de la traiter en parent pauvre, à l'usage des émigrants. Bien qu'entendue de tout le monde et d'un usage courant, elle ne se maintient plus que par l'enseignement privé, concurremment avec la langue officielle qui, elle naturellement, se fait exclusive dans les écoles publiques.

2° *Le transit.* — Ce col, par où la frontière paraît fondue entre Tarins et Valdôtains, fut-il égalcment apprécié et fréquenté par les étrangers? Il n'en faut pas douter pour l'époque où il fut le *Mons Graius* ou l'*In Alpe Graia*, la voie transalpine par excellence des Gallo-Romains qui s'y connaissaient et qui l'avaient si remarquablement relié par Augusta Prætoria à l'important nœud de routes qu'était alors Milan, le grand carrefour des routes alpestres de la Cisalpine. Pour les relations avec la Gaule et Genève, elle était la plus courte, la plus stratégique, car elle aussi surveillait cet autre carrefour des peuples alpins qui gravitaient autour du Mt-Blanc : les Salasses d'Aoste, les Graiocèles de la frontière, les Ceutrons de la Tarentaise, du Beaufortain et du Montjoie (Saint-Gervais), les Nantuates du Chablais et Faucigny, les Véragres de Chamonix et du Valais. La plus sûre pour le transit marchand, elle était aussi la moins malaisée. Sur le côté italien, la pente est bien ménagée jusqu'à Pré-Saint-Didier, après quoi il ne reste plus que le coup dur de l'escalade du col. En deçà, c'est tout de suite la plaine à Bourg, et le formidable obstacle du Détroit de Siaix franchi, c'est la plaine de l'Isère en aval de Moûtiers, douce, débonnaire, définitive ; au profil infiniment moins saccadé qu'en Maurienne, sur une route moins tracassée par les inondations que ne l'est celle que les furies de l'Arc et de ses torrents latéraux font trébucher si fréquemment. C'était la route des mines de Peisey, des Salines de Moûtiers, du bétail et des cuirs ; la route du fromage dont les Romains étaient si friands, au point qu'Antonin-le-Pieux mourra moins pieusement d'une indigestion de vacherin de Tarentaise [1].

Mais son déclin avec l'ébranlement de la Paix Romaine sous le Bas-Empire, fut consommé par les invasions des Barbares, prolongé avec l'apparition du royaume lombard, la longue anarchie italienne, les luttes du Sacerdoce et de l'Empire, si funestes à Milan qui dut renoncer pour longtemps à la commande des cols transalpins.

Cependant la Maison de Savoie n'avait pas attendu ces malheurs pour édifier sur leurs ruines sa lentè et prodigieuse ascension. Partis de Charbonnières, ses princes font l'unité et la sécurité de la vallée de l'Arc. Déjà maîtres de Chambéry, avec Odon de Maurienne ils enjambent le Mont-Cenis, par son mariage au XI$^{e}$ siècle avec Adélaïde de Suze, unique héritière des comtes de Turin, marquis en-Italie. Leur politique transalpine assurera la fortune de Turin, comme les Capétiens ont fait celle de Paris. Dès lors, l'artère transalpine est fatalement Chambéry-Turin par le Cenis, la route, sinon la plus commode entre leurs deux capitales, du moins la plus directe et la plus tendue. Le Petit-Saint-Bernard, éclipsé, n'est plus qu'un col à l'usage de ses voisins d'Aoste et de Tarentaise ; le tra-

---

[1] Max Bruchet : *La Savoie d'après les Anciens Voyageurs*, p. 21. — Voir aussi, p. 2, les étapes de la *Via*, d'après l'Itinéraire d'Antonin et la Table de Peutinger du III$^{e}$ siècle : Augusta Prætoria, Aoste, — Arebrigium, Pré-Saint-Didier, — Ariolica, La Thuile, — In Alpe Graia, Petit-Saint-Bernard, — Bergentrum, Bourg-Saint-Maurice, — Axima, Aime, — Darentasia, Moûtiers, — ..Ad Publicanos, Conflans, — Mantala, Saint-Pierre-d'Albigny, — Leminco, Chambéry, etc., jusqu'à Vienne (Isère) par Les Echelles, Saint-Genix et Bourgoin.

fic Milan-Genève lui préfère le Simplon ; de même que celui de Turin-Genève, le Cenis, pour atteindre la Suisse par Montmélian et Chambéry ou par Aiguebelle et son pont de Sainte-Catherine, le bac de Grésy, Tamié et Annecy, de préférence au Petit-Saint-Bernard, Moûtiers, Conflans et son pont très précaire sur l'Arly. En définitive le Petit-Saint-Bernard ne sera plus pour le transit des étrangers qu'un succédané du Cenis, une voie de secours quand celui-ci sera menacé ou sa route interdite par les hommes ou les éléments.

On laissera à l'initiative privée et religieuse le soin d'en jalonner la route par des refuges de charité : après Saint-Nicolas du Petit-Saint-Bernard, ce sera Saint-Antoine du Bourg-Saint-Maurice, Aime, Moûtiers, l'Hôpital, Tamié, etc.

Aujourd'hui les tunnels du Fréjus et du Simplon ont complété sa disgrâce. Même la route de 1872, où « la circulation est restée longtemps presque nulle », n'est bien connue que depuis 1900-1910 par le tourisme et le Tour du Mont-Blanc.

Toutefois, de nos jours où le tunnel du Fréjus a consommé depuis 1872 et au bénéfice de Modane la déchéance du Mont-Cenis, celle de Lanslebourg, son bourg de col et de toutes les agglomérations hôtelières qui en vivaient, mais qui attendent de l'automobile et du tourisme un regain de vie, il est agréable de constater que cette infortune a été épargnée au Petit-Saint-Bernard et que les faveurs du tourisme, en raison du pittoresque, lui sont assurées plus encore qu'à son rival. Ce n'est pas à dire que le rail n'ait pas tenté d'en menacer l'active mais trop intermittente fréquentation. Quand en 1882 le tunnel du Saint-Gothard eut déplacé vers l'E. et au préjudice de la ligne Paris-Turin par le Fréjus l'axe du trafic entre l'Europe du N.-O. et l'Europe méditerranéenne, on songea fort sérieusement à l'établissement d'une ligne concurrente par la percée du Ruitor aux abords S. du Petit-Saint-Bernard, et pendant 15 ans, les délibérations du Conseil général de Savoie auquel s'étaient ralliées 63 chambres de commerce agitèrent, avec un luxe de projets, plans et devis divers, la question de la ligne Moûtiers-Aoste par le tunnel du Petit-Saint-Bernard. Mais on se heurta aux difficultés insoupçonnées de l'avant-tunnel de la Faucille qui devait réaliser sur le tracé une économie de 17 km., plus encore à la concurrence du percement du Simplon, entrepris de 1898 à 1905 par l'Italie et la Suisse et tout à l'avantage de Milan et Gênes et du transit helvétique par le Lœtschberg. Le projet, ranimé un temps au lendemain de la guerre, n'est pas définitivement abandonné. Il sera repris quelque jour quand les conditions économiques et d'exécution seront redevenues plus favorables.

La route du Petit-Saint-Bernard aura donc encore de beaux jours pour se prêter seule aux relations des deux versants et à son maigre transit. Au surplus, l'hospice gardera sa poste internationale, son bureau télégraphique et téléphonique relié aux deux réseaux frontières, mais avec tarif français pour tout ce qui vient de France. Il faut dire que les intempéries de l'hiver sont souvent fatales à l'installation des fils aériens et les communications interceptées de ce fait durant la mauvaise saison. Les avalanches de décembre 1923 ont brisé les 2/3 des poteaux et haché les câbles sur plus de 5 km. La dépense d'une installation souterraine préviendrait ces accidents trop répétés.

Ce service postal entre Bourg, Séez et l'hospice, en vérité, n'est pas des plus chargés. C'est sans doute la raison pour laquelle le directeur des P. T. T. Vallette tenta de le supprimer en mars 1886. Il fut rétabli presque aussitôt, le 16 mai suivant, sur les démarches du préfet de la Savoie et à la suite d'un vœu présenté au Conseil général par M. Carquet, conseiller général de Bourg et juge à Moûtiers. Vœu bien motivé où il est dit notamment que cette suppression malencontreuse ne représenterait qu'une ridicule économie de 800 fr. par an ; qu'elle nuirait aux relations commerciales et internationales fréquentes sur les deux revers des Alpes ; que ce service a existé depuis un temps immémorial et a même persisté après l'ouverture du tunnel du Mont-Cenis ; qu'elle entraînerait un trop long détour avec un retard considérable par Modane, Turin, Ivrée et le Val d'Aoste ; que la poste était avant tout un service humanitaire, le facteur qui fait le service entre Saint-Germain et l'hospice tous les jours en été, deux ou trois fois par semaine en hiver, étant par état un guide et un prête-secours autant qu'un porteur de nouvelles ; que l'hospice distribue environ 20.000 rations par an, dont beaucoup de Français bénéficient, sans parler des touristes ; que la poste a son utilité stratégique ; et qu'enfin l'Italie, loin d'imiter notre exemple, a non seulement maintenu la sienne à l'hospice, mais vient encore d'y créer un bureau télégraphique.

Il n'est pas douteux en effet que si, au point de vue des relations internationales, la poste, pas plus que la route, ne saurait prétendre à un rôle de première importance, elle n'en contribue pas moins à favoriser les relations réciproques d'Aoste en Savoie, à rapprocher et fusionner les intérêts des deux provinces frontières.

Mais il n'en demeurera pas moins certain qu'en matière de transit étranger, l'œuvre de St Bernard, en l'espèce, l'hospice, malgré son immense mérite, est venue trop tard pour rétablir dans son intégrité l'antique mouvement du col et rendre toute sa vigueur à un organisme anémié. Elle n'a même pas pu, en son temps, y ramener les Romiers ni les marchands, détournés sur le Cenis par la vogue que lui firent les passages retentissants des Carolingiens, amis, protecteurs et obligés de la Papauté ; à plus forte raison par la politique intéressée des princes de Savoie qui, au détriment du Petit-Saint-Bernard, à peine tangent à leurs États, ont tout fait pour attirer et retenir les étrangers sur la route du Cenis, à coups de franchises, de services muletiers, de « marrons » et d'hôtelleries, « gîtes et repues ». Le courant était dévié : il se devait remonter d'autant moins aisément qu'il n'y avait que des avantages à le suivre.

3° *Les Isolés.* — Il n'y aura plus place au titre étranger sur le Petit-Saint-Bernard que pour quelques isolés : grands seigneurs peu pressés, fonctionnaires subalternes, l'équipe honteuse des contrebandiers, fidèle et pour cause à cette voie détournée et mal gardée, et les exploits parfois peu reluisants d'une maréchaussée acharnée à les dépister.

Il suffira d'en illustrer le cortège par les rares relations qu'ils ont eux-mêmes laissées de leur traversée mouvementée.

Le premier en date, un visiteur de marque, d'origine italienne, n'est autre que Anastase Germonio l'archevêque nommé du diocèse de Tarentaise, dont dépendait alors l'hospice même du Petit-Saint-Bernard, et l'un de ceux qui ont le plus fait honneur à la vieille métropole tarine. Alpiniste plutôt timide à ses débuts, son zèle pastoral le rendit sinon intrépide, du moins infatigable et lui fit prendre goût aux sévères beautés de son diocèse. On a de lui une remarquable et très fidèle relation [1] de sa tournée de confirmation à Peisey et dans le Val de Tignes, — où il eut à confirmer des nonagénaires, — une véritable randonnée pastorale pour l'époque.

En tout cas, le Petit-Saint-Bernard eut les prémices de son ministère, car c'est par la traversée du col que, en août 1608, il vint d'Italie prendre possession de son siège archiépiscopal de Moûtiers...

Sa relation, aussi fidèle que pittoresque, est extraite de ses « Commentaires », liv. VIII, p. 1012-1013 : *Historiæ Patriæ Monumenta*, t. XI.

Parti d'Aoste, une journée de cheval l'avait amené au pied du Saint-Bernard, à La Thuile, où pour la première fois, durant son voyage, il avait dû descendre à l'auberge — *apud cauponem cœnavit.*

« Le pied de la montagne, sur les deux versants, est à 5.000 pas du sommet. Le col, tout comme une mer (Germonio en parle complaisamment comme un

---

[1] Voir F. Gex : *Val d'Isère* (1.849 m.) *et la Haute-Tarentaise*, p. 86.

habitué de la Riviera gênoise et des voyages au long cours), est exposé le plus souvent à d'énormes et violentes tempêtes ; l'épaisseur de la neige y excède 20, et parfois 30 coudées. Aussi bien, si les marins eux-mêmes ne se risquent pas à accoster une terre agitée par les rafales du vent, de même ceux qui s'aventurent à gravir ou à quitter ces montagnes escarpées ne le font qu'au péril de leur vie. Il n'en est presque pas, en effet, qui n'y ait enduré le froid, qui n'y ait été enveloppé par les neiges, égaré dans les tourmentes. Les bêtes n'y ont pas un meilleur sort que les gens. On ne compte plus les accidents, les uns effroyables, d'autres des plus comiques (Germonio semble ici tout à fait averti des joyeuses surprises de la *ramasse* du Mt-Cenis à Lanslebourg ; cf. Max Bruchet : La Savoie d'après les Anciens Voyageurs).

Tout près du sommet jaillit une source alimentant un petit lac à deux émissaires : l'un, sur le versant italien, parcourt toute la vallée d'Aoste jusqu'au Pô ; c'est la rivière Bautia (Doire Baltée), — l'autre, l'Isère (mais provisoirement son affluent le Reclus jusqu'à Bourg-Saint-Maurice), traverse le pays des Ceutrons (la Tarentaise) et va rejoindre le Rhône et y perdre son nom. Au point culminant du col s'élève, comme une borne-frontière, entre les diocèses de Tarentaise et d'Aoste, en pierre et haute (de 4 m. 55) ce que l'on appelle la Colonne de Jupiter.

Un peu au-dessous et déjà sur le territoire de la Tarentaise, on aperçoit le fameux hospice des moines de Saint-Bernard, à qui leur règle fait une obligation d'héberger gracieusement les voyageurs. Les pauvres y reçoivent l'hospitalité jusqu'à trois jours et ceux qu'arrête la tourmente ou la fatigue de l'ascension y trouvent tous les soins indispensables avec toutes les attentions.

*L'ascension.* — La montée pour Anastase se fit dans d'heureuses conditions, sans éprouver ni froid ni aucune autre incommodité, malgré la présence de plus d'un amas de neige. Arrivé à l'hospice, il assista aux offices et débuta dans l'exercice de sa juridiction archiépiscopale ; il voulut bien déléguer au desservant de l'endroit toute autorité pour la bénédiction de la grosse cloche (la *campane*, pour les gens) de leur église, fondue tout récemment et qui ne devait pas prendre place dans le clocher sans être bénite par l'archevêque.

*La descente* dans la plaine fut aussi heureuse que la montée. Il en fit la plus grande partie à pied. Il l'aurait achevée de même si l'ardeur du soleil d'août, par temps clair, jointe à l'échauffement provoqué par la gymnastique de la descente, ne l'en avaient pas dissuadé. D'ailleurs ce versant exposé à l'Est et au Sud, par temps chaud, rend la marche plus pénible. C'est pourquoi il monta à cheval, pensant faire ainsi moins malaisément le reste du trajet. Mais peu après, la pente s'étant faite particulièrement scabreuse (aux abords de Saint-Germain), il descendit de cheval, ne s'y trouvant plus en sécurité, car par ces sentiers étroits et abrupts, la descente, à moins de se faire à pied, exposerait le cavalier à se voir précipiter dans le gouffre, par-dessus l'encolure du cheval.

Arrivé au pied de la descente, une grande foule était accourue au-devant de lui, à la tête de laquelle il convient de nommer Philippe Chavallard, prévôt du Chapitre métropolitain, le vicaire capitulaire, quelques chanoines, le chantre de la Métropole, et Thierry, juge de première instance.

A Bourg-Saint-Maurice, localité de renom, le Conseil et les Syndics lui réservèrent une magnifique réception.

Le lendemain, il s'arrêta toute une journée chez François Falcon, curé d'Aime, qui l'avait invité, dès son arrivée au col du Saint-Bernard. Le dimanche, au premier jour, il se mit en route pour aller dîner à Moûtiers, à 4.000 pas de là. Sur tout son passage se pressaient des fidèles de toute condition ; des personnages de marque en grand nombre accouraient à sa rencontre. Il remarqua tout particulièrement une troupe de jeunes gens en armes qui, à quatre reprises et en des points différents, s'en vinrent saluer de la détonation de leurs bombardes, en signe d'allégresse publique, l'arrivée de leur Pasteur, avant qu'il ne pénétrât dans sa ville archiépiscopale. »

On aura remarqué qu'il parle de lui-même à la 3e personne, suivant la mode italienne et peut-être aussi par modestie, pour mieux effacer sa personnalité. Le texte est en latin très correct. La traduction l'est peut-être moins.

On ne saurait clore ce récit si fidèle et si vivant sans saluer, en la personne d'Anastase Germonio, un des plus distingués prélats dont s'illustra l'église de Moûtiers, un grand voyageur autant qu'un remarquable savant, un *précurseur* des alpinistes de renom. Il est vrai que le relief de son diocèse s'y prêtait à souhait. Mais le relief ne crée pas nécessairement le goût et l'attrait des cimes, ni du pittoresque ; il ne fait pas à lui seul la vocation de l'alpiniste.

Nous pourrions associer à sa mémoire quantité de personnages de sa condition et de son rang. Il nous suffira de citer des contemporains : Mgr Hautin, archevêque de Chambéry, qui escalada l'aiguille de Lancebranlette ; le cardinal Billiet, digne émule de Germonio, théologien, naturaliste, historien ; un enfant des Chapelles, donc un voisin immédiat du Saint-Bernard, et pour qui les Alpes de Savoie n'avaient pas de secret. Pour finir, nous nous inclinerons devant le pape Pie XI qui, il vient de le prouver par l'envoi d'un délicat autographe à la famille de son ancien guide, n'est pas près de renier les anciennes prouesses de l'abbé Achille Ratti dans la chaîne du Mont-Blanc et du Mont-Rose, depuis les deux Saint-Bernard jusqu'au Simplon. (Voir l'élégante brochure que lui a consacrée le commandant Gaillard, chez Dardel, Chambéry.)

L'alpinisme est trop beau et bienfaisant pour être l'apanage exclusif de quelques privilégiés, car il synthétise à souhait toutes les joies saines et pures de l'effort physique, le droit au soleil, au bon air, à la belle nature. Il est la mise en œuvre et le symbole de l'idéal et de toutes les beautés.

Après Germonio, un alpiniste plutôt tiède, après ses émules mitrés et déjà plus hardis et mieux de leur temps, car l'alpinisme comme le simple tourisme sont des goûts très contemporains, il faut citer la prouesse très peu sportive mais non pas sans mérite d'un modeste châtelain, c'est-à-dire un fonctionnaire représentant l'intendant de Moûtiers dans la région de Bourg et du Val de Tignes. Il ne fut pas précisément un « écuyer tranche-montagne » :

« Je profite de l'exprès, écrit-il à son chef, pour avoir l'honneur de vous informer que m'étant présenté avant-hier à Saint-Germain pour passer le Petit-Saint-Bernard, malgré la pluie, nège et vent ; mais personne n'ayant voulu m'accompagner par le danger presque évident d'y perdre la vie, j'ai rebroussé chemin, et suis reparti hier à 2 h. du matin sur un mulet et me suis fait accompagner de trois hommes pour ouvrir le chemin y aiant trouvé plus de trois pieds de neige nouvelle, et malgré la précaution que j'ai cru prendre de monter une monture accoutumée à la montagne, elle n'a pas laissé que de me côter (culbuter) à tout bout de champ sur la nège, jusqu'à moitié chemin, ce qui a déterminé mon corps, sans égard à sa pesanteur, de faire l'autre moitié du chemin à pied, et nous n'avons évité une terrible avalanche que dix pas au plus que nous avons eu le bonheur de nous être trouvés en avant, et je suis arrivé ici aujourd'hui environ midy... Cité (d'Aoste) ce 21 juin 1771 à 5 h. après midy. — Minoret. » (C. 234.)

4° *Les Contrebandiers* ont assurément affronté de pires dangers, mais ils n'en ont pas fait étalage devant l'intendant ni personne. En revanche la maréchaussée des Gabelles, pour témoigner de son zèle, s'étendra avec complaisance sur le rude métier que lui impose la garde du Petit-Saint-Bernard. Peu après l'exploit de Minoret, « les gardes des gabelles de poste en cette province ont arrêté sur la montagne du Petit-Saint-Bernard le 8 courant Claude Collet d'Hauteluce en Beaufort sur lequel ils ont trouvés un sac de tabac de contrebande en petites carrottes pesant 23 h. poid net des Gabelles. La procédure est appointée et je la transmet par ce courrier à M. l'avocat-fiscal général. — Moûtiers, ce 15 août 1771. Bonnardel. »

Ce fut sans doute l'occasion de faire des perquisitions « en Beaufort », car on se douta bien que ce Collet n'était pas un isolé. En effet, quelques jours plus tard, il est fait mention du « verbal du tabac que l'on a trouvé dans deux maisons de Villard de Beaufort » et qui assurément avait suivi le même chemin. (C. 429.)

Les « Gabelous », comme bien on pense, n'avaient pas toujours aussi beau temps. Rien n'est plus divertissant que la lecture de leurs « verbaux » où, dans le style pandoresque de tous les temps, ils grimacent pitoyablement pour avouer leur impuissance à se saisir de leur proie par crainte d'être rossés ou pire que cela encore. Telle la « copie de Verbal des brigadiers Michaud et Bernard, du 16 juin 1774 : — Nous soussignés, Brigadiers des Royales Gabelles de S. M. certifions à tous ceux à qui la connoissance appartiendra que la Brigade de Saint-Jean-de-Maurienne ayant jointe celle de Moûtiers pour pouvoir empêcher et arrêter les bandes de Tignes qui se sont formées pour faire la contrebande de tabac, sel et poudre, le 11 du courant, nous sommes partis de la ville de Moustiers pour nous transporter à la montagne de la Colonne qui confine le Petit-Saint-Bernard, où nous avons campé dans un sentier qui va en droiture dans les Tignes. Le 14 du courant, environ les 6 heures du matin, nous avons vu venir quantité de monde du côté de Tignes, touts habillés d'un gris blanc avec chacun leur fusils et quantité de sabres. Lorsqu'ils ont défilé la moitié d'un côté et l'autre moitié de l'autre pour pouvoir nous attendre, nous en avons compté le nombre de 64, qui nous ont touts parus être de Tignes. Voyants que c'était une bande qui s'était formée en Tignes sans marchandises de contrebande, nous avons compris que c'étoit un avis qu'ils avoient eus depuis Moustiers de quelqu'un affidé qui leur scavent dire quand nous sommes en campagne. De sorte que voyants que nous étions exposés à être touts tués, nous nous sommes glissés par un précipice comme nous avons pû pour nous évader d'eux ; — en foy de quoi nous avons signé la présente déclaration que nous avons l'honneur de vous présenter. Fait à Moustiers, le 16 juin 1774. Michaud brigadier, Bernard brigadier. »

On ne sait si aujourd'hui les bandes de Tignes ont gardé l'audace et le cran de leurs ancêtres, mais il est moins douteux que les douanes de la frontière n'en sont plus à attendre les renforts de la Maurienne pour déployer un zèle tout aussi ingrat que jadis et aussi peu apprécié des intéressés.

5° *Statistique actuelle.* — En tout cas la contrebande n'ajoutera qu'un bien faible appoint à l'actuel mouvement des voyageurs du Petit-Saint-Bernard. On évaluait leur nombre annuel à 10.000 en 1865, à 11.085 en 1869 et à 10.337 livres, 21 les frais de l'hospitalité dispensée à ces derniers, d'après le Bulletin 17e du Club Alpin italien. « Depuis quelques années, déclare en 1873 le chanoine Marguerettaz (*op. cit.*, p. 3), le nombre des ouvriers qui passent et repassent le Petit-Saint-Bernard pour aller chercher du travail au-delà des monts s'est multiplié considérablement, mais sans égaler celui des voyageurs de la période gallo-romaine, encore moins celui des pèlerins. » C'est possible ; mais à défaut de statistique, la prudence commande d'être moins affirmatif.

Le Guide Bleu des Alpes françaises (Hachette) parle de 15.000 vers 1920. Ce chiffre aurait même doublé en 1923, à la faveur d'une saison particulièrement favorable. Il va sans dire que le goût du pittoresque aidant, les progrès du tourisme et de la circulation automobile ne feront qu'amplifier des chiffres mal connus ou hasardés, tant que certains éléments, piétons, cyclistes, alpinistes et montagnards, échapperont à tout contrôle. En tout cas, le climat de la belle saison en demeurera toujours le principal régulateur.

Voilà pourquoi les chiffres mêmes des registres de l'hospice ne sauraient être que des indications, une statistique approchée. Il y faudrait joindre tout au moins ceux de l'hôtel de Lancebranlette, de la dernière cantine italienne et de celle du Creux des Morts. Néanmoins les seuls renseignements de l'hospice nous avertissent que le passage n'y chôme guère, et la moyenne de 500 voyageurs par mois d'hiver est faite pour surprendre ; elle a été de 600 en 1922, 400 en 1923. Presque tous sont transalpins et les Valdôtains ne représentent qu'une minorité en rapport avec les Italiens, répartis dans toute la péninsule. Ils affectionnent particulièrement le Petit-Saint-Bernard au retour de France comme à l'aller à seule fin d'éviter les tracasseries de la douane à Modane. Le règlement de l'hospice leur assure par beau temps le gîte et le couvert pour 24 heures ; par mauvais temps et quand sévissent la tourmente et les avalanches, la durée du séjour est laissée à l'estime avertie du recteur. Ceci n'est applicable qu'à la classe indigente ou simplement ouvrière. Vis-à-vis de la classe dite payante, il va de soi que l'hospice se comporte à la manière d'un hôtel, à condition qu'il y ait de la place.

6° *L'hospice pendant la guerre.* — En 1913 le nombre de ses « hospitalisés » s'est élevé à 13.984, à 15.522 en 1914 dont 3.548 rentrées en Italie la 1re semaine d'août, du fait de la mobilisation et de l'arrêt des travaux en France. Le 1er août en vit passer 153 ; 846 le 2 ; 983 le 3 ; 661 le 4 ; 326 le 5 ; 315 le 6 pour retomber à 182 le 7 et au chiffre presque normal de 82 le 8. Inutile de dire que le personnel fut débordé, les provisions épuisées et le vide fait par la classe payante.

Après cette ruée ce fut le marasme, aggravé par l'entrée en guerre de l'Italie. De 15.522 en 1914, le mouvement s'effondre à 9.584 en 1915 ; il se relève à 12.803 en 1916, mais pour retomber à 8.771 en 1917 et reprendre depuis lors son ascension vers la normale avec 12.892 en 1918 ; 12.934 en 1919 ; 14.434 en 1920. En somme cette dépression de la guerre avait atteint spécialement la classe payante et, partant, les ressources de l'hospice. Il dut même renoncer à l'accueillir. Du 28 août 1917 au 8 juillet 1919, les registres ne signalent aucun payant, aucune recette. Mais ils réapparaissent en 1920 au nombre de 1.500. Ce chiffre fut quadruplé à la faveur de la sécheresse de 1921 et les splendeurs de la belle saison en 1923 le portèrent à 7.452.

7° *Le Millénaire de la naissance de St Bernard* (923-1923). — La grande affluence de ces voyageurs aisés, touristes et pèlerins pour la plupart, fut signalée vers la fin du mois d'août et au début de septembre, à l'époque précisément où elle fut ébranlée par l'éclat du triduum des fêtes célébrées au berceau même du saint, au château familial de Menthon-S-B., sur les bords du lac d'Annecy, du 31 août au 2 septembre 1923. Ce fut, peut-on dire, la célébration religieuse du millénaire. Elle fut présidée par Mgr Florent de la Villerabel, évêque d'Annecy, avec l'assistance très couleur locale et marquée au coin d'un sens avisé de la reconstitution historique, de quelques hauts dignitaires ecclésiastiques des régions alpestres, les plus redevables à l'œuvre de St Bernard : Mgr Bourgeois, prévôt du G.-S.-Bernard, l'archidiacre d'Aoste, successeur du saint, Mgr Termier, évêque de Tarentaise. Les fêtes furent agrémentées par la surprise d'une attention fort délicate du pape Pie XI, un alpiniste sous la tiare, qui, dans une lettre adressée à l'Evêque d'Annecy à l'occasion du millénaire, proclama St Bernard : *Patron des Alpes, des excursionnistes et des amis de la montagne.*

L'incertitude de l'année de la naissance, et donc du millénaire, a autorisé une autre initiative fort intéressante, celle de l'organisation pour 1924 au château de Menthon encore, de splendides fêtes profanes et comme la célébration laïque du millénaire à l'adresse du bienfaiteur de l'humanité, au titre de libérateur des

Alpes. Car l'humanité, en dehors de toute confession, peut et doit le revendiquer aussi bien que l'Eglise. A vrai dire, personne ne songera sérieusement à séparer les deux points de vue, dès qu'ils forment un tout indissociable comme la personnalité même de St Bernard. Car nul ne contestera qu'en réalité c'est le saint qui a inspiré le bienfaiteur et qu'inversement c'est le bienfaiteur qui a fait le saint que l'Eglise honore. C'est pourquoi on y représentera en plein air, dans le parc du château, une adaptation fort bien réussie du début du « Mystère » du xve siècle, par un dramaturge chrétien de talent, le maître Henri Ghéon. Son œuvre porte le titre bien suggestif de : *La Merveilleuse histoire du jeune Bernard de Menthon.*

---

# CONCLUSION.

Le col du Petit-Saint-Bernard, un des plus vigoureux traits d'union entre Rome et la Gaule, est devenu, par les malheurs des invasions et par l'orientation spéciale de l'expansion de la Maison de Savoie, un col de second ordre. Un peu désaxé au point de vue des relations transalpines, il est desservi, en outre, pour qui vient de France ou de Suisse, par son aboutissant, le Val d'Aoste, une voie bien longue et malaisée. Longtemps boudé par la route, et sur ses abords immédiats par le chemin de fer qui n'a atteint Bourg qu'en 1914, il s'est effacé auprès du Cenis et du Simplon.

La sécularisation de 1752 a fâcheusement diminué son prestige vis-à-vis du Grand-Saint-Bernard, qui demeure le refuge de ses anciens moines... et de leurs chiens légendaires, le Saint-Bernard de Napoléon, le Grand, le Saint-Bernard par excellence.

Le voisinage du Mont Blanc et son pittoresque n'auraient pas suffi à lui créer ou soutenir une réputation incontestée, le Petit-Saint-Bernard n'en ayant pas le monopole. Il est vrai qu'il ne manque pas de séductions : sa route connaît, par la faveur récente du tourisme, la grande circulation ; son cadre montagneux est plein de grâces ; son hospice est redevenu une auberge du monde. Les divers services de la belle saison, de Bourg au col, de Brides-les-Bains à Courmayeur, font que l'ascension n'y est plus qu'un jeu, une promenade pleine d'attraits et d'intérêt.

Le souvenir du saint fera l'appoint pour lui rallier tous les suffrages. En ces années du millénaire un peu élastique de sa naissance, la visite du Saint-Bernard s'impose comme un hommage à l'œuvre émancipatrice et de haute civilisation qu'il y a exercée, à l'attrait que sa sainteté lui a conféré, le plus subtil, le plus prenant, celui-là même qui fait le plus clair de la réputation mondiale de la montagne à laquelle il a attaché son nom et ses bienfaits.

Aller au Petit-Saint-Bernard, ce sera un acte de patriotisme régional bien avisé, une ascension aussi réjouissante que facile, un vrai régal et, ce qui ne gâte rien, un pèlerinage : dans tous les cas, une bonne action.

---

# NOTES JUSTIFICATIVES
## (A. D. S. — L. 2.246)

---

1° *Evolution et extension des privilèges de St-Germain afférents à la charge du jalonnement de la route du Mt-Bernard.*

Chambéry, le 20 Vendémiaire an 10.

Le Préfet du Mt-Blanc au Sous-Préfet de Moûtiers.

Citoyen,

Je vous adresse copie d'une lettre du général de brigade Herbin, Commandant dans le département, par laquelle il réclame les dispositions nécessaires pour exécuter le jalonnement de la route du Montbernard. En l'an 9 ce jalonnement eut lieu d'après vos soins par les jeunes gens des communes environnantes qui ont joui d'une exemption tacite du service militaire. J'ai lieu de penser qu'il me suffit de vous faire connaître le vœu du général Herbin, pour être persuadé que vous allez de suite employer les mêmes moyens. Je compte sur votre zèle à cet égard. L'intérêt public et l'intérêt particulier commandent les plus promptes mesures. Je ne doute pas que vous ne trouviez dans les mêmes jeunes gens, la même activité et le même dévouement que vous avez sû leur inspirer lorsque vous leur parlerez de la situation glorieuse de la République qui leur permettra sans doute de jouir paisiblement de l'exemption qui les a conservés dans leurs foyers. Veuillez bien me rendre compte incessamment des mesures que vous aurez prises et de leur résultat. Je vous salue.

En l'absence du préfet, le secrétaire général : Palluel.

Lettre du Général Herbin au préfet du Mt-Blanc.

9 Vendémiaire an 10 de la Rép.

Par mon ordre du 1er floréal an 9, citoyen Préfet, je prescris aux Commandants d'armes des Montcenis et Bernard, de faire jalonner ces monts avant la chute des neiges. L'instant de nos relations politiques et commerciales avec l'Italie, le salut des voyageurs qui traversent ces montagnes pendant l'hyver, dictent ou plutôt commandent cette mesure qui a toujours été exécutée par les soins de l'autorité militaire et par les réquisitionnaires et conscrits des ci-devant cantons de Sollière et Lanslebourg (Vallée de la Maurienne) et de ceux de Bourg-Maurice et Ste-Foi (Vallée de Tarentaise) qui juqu'à ce jour jouissent de l'exemption tacite du service militaire pour l'exécution de ces travaux et autres intéressant nos communications avec l'Italie. Comme le Gouvernement n'a point dérogé à l'usage suivi jusqu'à ce jour, je viens de rappeler aux Commandants d'armes l'exécution de cette disposition.

Pour leur faciliter ce travail, je vous invite à prescrire aux maires des communes composant les cantons cités, de s'entendre avec les dits commandants d'armes, et de leur donner toutes les facilités que les circonstances exigent ou pourront exiger.

Les neiges commençant à tomber sur les montagnes, cette mesure est de nature à ne souffrir aucun retard. Veuillez de suite prescrire aux maires d'y mettre la plus grande célérité. — Salut et considération, Herbin. — P. c. c., le secrétaire général de la Préfecture : Palluel.

Le maire de Séez s'est distingué entre tous par sa *célérité*, et pour cause. Sa lettre suivante, du 16 Vendémiaire an 10 au sous-préfet Avet de Moûtiers, en témoignage, comme elle appuie sur la justification de « l'exemption tacite » de ses jeunes administrés, qui, malgré tout, semblent bien menacés par la mobilisation, c'est-à-dire par l'application du droit commun, avec l'éloignement des événements de 1792 à 1794 et du souvenir des services rendus :

Citoyen Sous-Préfet,

Le nouveau Commandant d'armes du mont Bernard, le citoyen Girard ayant le lendemain de son arrivée le 4 du mois courant requis les jeunes gens réquisitionnaires et conscrits de cette commune, de celle de Bourg-Maurice et de Montvalesans-sur-Séez pour exécuter le jalonnement de la montagne du petit mont Bernard jusqu'aux limites de ce Département, j'ai, par son avis, nommé trois commissaires habitans le hameau de St-Germain, dernier de cette commune de ce côté, pour faire planter les jallons dans la direction la plus utile et sûre pour les voyageurs. Ces commissaires m'ont fait le rapport que le tout avait été exécuté à souhait. J'ai été ensuite le voir moi-même et j'ai trouvé leur rapport juste. Ces jeunes gens ont fourni et porté eux-mêmes les jallons nécessaires, qui se détruisent chaque année dans le courant de l'été par les bergers et les soldats de la garde du Mont-Bernard. Cette plantation s'est exécutée les 6 et 7 courant. J'ai cru devoir vous en informer comme relatif à la police municipale et faire observer que le séjour de ces jeunes gens à leur foyer est d'une utilité qu'il serait difficile de remplacer par d'autres moyens de même que les autres services qu'ils rendent relativement au passage de cette montagne. — Salut respectueux,

Charles-Joseph Favre, maire.

Suit le satisfecit du citoyen Girard lui-même, qui en profite pour demander au sous-préfet les menues réparations au chemin muletier de St-Germain, qui suffiront à le rendre « praticable aux voitures même non démontées » :

Girard, commandant d'armes de la Place du Mont-Bernard et Valaisan au sous-préfet de l'arrondissement de Moûtiers, le 29 Vendémiaire an 10,

Citoyen,

D'après les ordres du général commandant le Département, qui m'ordonne le jalonnement du Mt-Bernard, je me suis conférer avec les maires des communes environnantes pour cet objet. Le tout a été fait par les jeunes conscrits et réquisitionnaires avec le zèle qu'ils ont toujours manifesté. Le lendemain de la St-Michel tout fut terminé à mon gré et j'en rendis compte de suite au général. Je me suis transporté sur les lieux où j'ai descendu jusqu'à la Thuille et j'ai trouvé l'ouvrage parfait.

Un objet auquel vous pourriés demandé au gouvernement, la réparation de la route et avec peu de frais, on pourroit la rétablir et y monter même en voiture, l'ayant bien examiné il n'y a pas un seul endroit où l'on ne puisse passer avec des voitures sans être démontées même sans dangers. Cela abrégeroit la route pour l'Italie, en faisant fleurir le commerce et en rendant aux habitans de la vallée un surcroît des richesses et un bien-être pour tout le monde. En faisant ces démarches vous ferés le bonheur de nos compatriotes. Je pourrois bien de mon côté, faire agir quelques personnes auprès du Ministre de l'Intérieur, et j'espère qu'avec l'activité que vous y mettrez, vous et moi, nous ne réussissions dans cette entreprise qui seroit même un grand avantage pour le gouvernement. Connaissant les passages du Grand Mt-Bernard, celui du Simplon ainsi que celui du Mt-Cenis, j'ai jugé par moi-même que le petit Mt-Bernard étoit le plus facile.

Ce que je vous en dis, citoyen, est pour le bien des habitans de la vallée auquels je me joins pour leur bonheur futur, vû que je me regarde comme appartenant à toutes ces honnêtes gens. — Salut et respect, Girard.

En dépit de leur zèle et des plus hautes approbations, les jeunes gens de la région furent évincés de leur charge,comme leur fut retirée leur exemption tacite de toute obligation militaire. Un arrêté pris le 29 pluviose an 10 par le préfet du Mt-Blanc Sauzay, décrète qu'à partir du 1er germinal an 10 la charge du jalonnement passera des services du génie militaire à ceux des Ponts-et-Chaussées du Département. Un autre décret du 22 fructidor établit qu'il sera exécuté par voie d'adjudication. Les soumissions sont accueillies dès le 5 Vendémiaire an 11 et la charge échoit le 10 (1er octobre 1802) à Jean-Marie Paday, de Séez, pour 1.300 fr. et pour 6 ans.

Le renouvellement de son bail pour 6 ans, mais à raison de 66 fr. seulement par an désormais, en date du 22 septembre 1808, lui fait une obligation d'entretenir sur la route muletière du P.-S.-Bernard, 150 jalons ainsi répartis : « des Prachoux au contour de Châtard, 14 jalons ; — de là au chaley de Sourd, 15 ; — à la chapelle Ste-Barbe 36 ; — au Pontet 26 ; — à l'Hospice du Mt-Bernard 26 ; — à la colonne de Joux 18 ; — à la limite du département de la Doria 15. Total : 150 jalons de 6 mètres de hauteur y compris 1 m. en terre et 1 m. de croisée en tête pour indiquer la direction du chemin. Ils seront en sapin des forêts de Séez et Mt-Valaisan, et croisés en tête suivant les directions des rampes et autres contours du Mt-Bernard. »

2° *Autour de l'« Ouverture de la Montée du Mt-Bernard, »* ou projet de la grande route, en 1810.

On ne paraît pas s'être arrêté aux suggestions du Commandant Girard ; pas plus qu'en 1810 on n'aurait dépassé le stade des « tracés et devis provisoires ». Tout semble alors s'être borné à une inspection du col par l'ingénieur en chef Mongenet, en compagnie de son collègue de la Doire et du sous-préfet de Moûtiers, Avet, à seule fin d'y « vérifier la localité et régler la direction de la route qui y est projettée ». Au dernier moment, l'honorable mais peu audacieux sous-préfet se serait excusé, par crainte de la fatigue de l'ascension, même à mulet ; mais plus probablement par ordre, pour ne pas éveiller l'attention publique, susciter de vains espoirs qui se seraient, faute de moyens, tournés en fausse joie. D'où le désappointement du maire de Bourg qui lui réservait un cheval pour l'amener de Moûtiers à Bourg et « les mulets nécessaires pour le transporter au Mt-St-Bernard, » lui, les ingénieurs et leur suite. Car le sous-préfet s'était invité lui-même tout d'abord ; à quoi Mongenet avait répondu :

Chambéry, ce 29 juillet 1810. M. le Sous-Préfet, — J'ai proposé à mon collègue de la Doire de se réunir à moi au Bourg-Maurice pour notre tournée sur le Mt-Bernard vers le 15 septembre prochain. Ce voyage nous sera infiniment agréable puisque vous désirez faire cette promenade. J'ai l'honneur de vous saluer avec un très sincère attachement. L'ing. en chef Mongenet.

Son absence et la tournée anticipée du dit Mongenet causèrent donc au maire une grosse déconvenue : Bourg-Saint-Maurice, ce 13 septembre 1810. M. le Sous-Préfet, —Je vous suis très obligé pour la bonté que vous avez eu de me donner avis de l'arrivée ici de M. l'ing. en chef Mongenet, que je ne croyois pas venir avant le 15 ; aussi il a été reçu d'une manière analogue à l'incognito qu'il semble avoir voulu garder dans son voyage ; à peine avait-on à l'auberge de quoi faire un mauvais souper ; j'ai été fâché d'avoir été privé de votre visite, mais je suis bien aise que vous n'ayés pas été de la partie sous les rapports de la grande fatigue qu'elle vous aurait fait essuyer dans une journée froide et pluvieuse ; j'ai suivi à l'égard de M. l'ingénieur la conduite simple que vous avés eu la bonté de me tracer à votre dernier voyage dans ces montagnes ; je ne sais point si je l'ai rendu satisfait ; mais enfin j'ai fait avec la simplicité de la campagne ce que j'ai pu. — Pour ce qui est du résultat du voyage de M. l'ingénieur, M. Bolliet vous en fera sans doute un détail plus exact et mieux raisonné que je ne saurais moi-même faire. — Daignés agréer... A. Martin, maire.

Et pour finir, nous laisserons le préposé de l'an 12 soupirer après la cloche d'alarme des naufragés du P.-S.-Bernard.

3° *Demande d'une Cloche pour guider les voyageurs au Mt-Bernard.*

Du P.-S.-Bernard, ce 23 frimaire an 12 : le citoyen Bouvier, concierge des bâtimens du P.-S.-Bernard au citoyen Avet, sous-préfet de l'arrondissement de Moûtiers. — Citoyen, — L'intérêt que vous prenez toujours pour l'humanité souffrante soit pour le sort des voyageurs qui passent ces terribles monts de la Tarentaise, m'enhardit de vous prier d'une grâce. Comme le Mt-St-Bernard est très périlleux en hyver que la neige cache toutes les avenües, joint à la tourmente qui règne journallièrement et que plusieurs voyageurs alors s'égarent, ce que je vois chaque jour y étant de résidence, je croirois qu'il seroit très utile que vous formassiez au gouvernement la demande d'une cloche pour servir de guide aux voyageurs et pour les empêcher de s'égarer de plus en plus ; car il y a huit jours, sans mon fils qui apperçut de loin des voix plaintives, plusieurs au nombre au moins de dix, auroient péri : d'ailleurs je n'ai pas besoin de vous tracer les dangers qu'on y peut essuyer, vous connaissez assez la situation, ainsi je ne peux que me fier à vous pour obtenir du gouvernement la cloche que je désirerois tant pour le salut des voyageurs que pour ne pas m'exposer à périr en allant à leur secours — et suis avec respect votre très dévoué serviteur, Antoine Bouvier.

---

## Les Opérations au P.-S.-Bernard sous la Révolution.

Elles se peuvent résumer ainsi : 1° En septembre et octobre 1792, invasion française et occupation de Bourg-Saint-Maurice et Séez par le général Rossi. — 2° En août 1793, contre-offensive sarde par les efforts conjugués du duc de Montferrat venant du P.-S.-Bernard et du baron de la Tour, venant de Tignes : ils reconduisent Badelaune à Conflans le 19, où il rejoint Dubourg, rendu responsable et aussitôt destitué et remplacé par d'Ornac. — 3° En septembre et octobre 1793, reprise de l'offensive française en exécution du plan de Kellermann, à Grésy-sur-Isère, le 10 septembre. Sous la pression de deux colonnes progressant par Beaufort, Roselend et par la Tarentaise, les Sardes abandonnent Bourg-Saint-Maurice le 2 octobre et sont refoulés le 3 sur le plateau du P.-S.-Bernard. — 4° Le 23 avril 1794 : assaut et occupation du col par Badelaune (d'après un plan approuvé par Dumas, le père d'Alexandre Dumas et général en chef de l'armée des Alpes). — 5° En mai 1795 : contre-offensive du duc de Montferrat au col et double riposte des Français, de Voillot et de

Moulin, général en chef, les conduisant jusqu'à la Thuille, après l'enlèvement, dans l'intervalle, du col du Mont.

Voici le récit des opérations de 1794 et 1795 au col même :

1° « Le 22 avril 1794, Badelaune se porta à l'attaque du P.-S.-Bernard. 17 compagnies réunies à Séez marchent par Saint-Germain et se déploient face aux retranchements piémontais, établis à cheval sur la route, entre la cantine Sainte-Barbe et l'Hospice. Après avoir tiraillé toute la journée, ces 17 compagnies se replient à la nuit et redescendent à Saint-Germain pour venir se former en réserve de l'attaque principale. Celle-ci part du Châtelard, le lendemain 23, en 3 colonnes :

Celle de droite par la rive gauche du torrent des Moulins se porte sur les pentes du Chardonney afin de menacer les redoutes de la Traversette ; — celle du centre suit le sentier du col et arrive à 3 heures du matin, sans être vue, sur les retranchements dont elle s'empare à la baïonnette ; — tandis que celle de gauche débouchant (par le revers du Clapey et le col de Forcle — l'itinéraire du texte est inexact —), enveloppe les retranchements du P.-S.-Bernard.

La déroute se met dans les rangs des Piémontais, qui abandonnent le terrain jusqu'au Camp du Quart. » (P. 130.)

2° *Mai* 1795 (Extrait de la lettre des Représentants Dumaz et Réal au Comité de Salut Public ; Nice, le 1er prairial an III) :

1re *affaire :* Le 17 floréal, un corps de Piémontais vint faire une reconnaissance devant le mont Bernard et le mont Valaisan ; cette disposition annonçant une attaque prochaine, le général Voillot chargea l'adjudant général Chaubaux de reconnaître, le lendemain 18, les avant-postes de l'ennemi et de se porter sur le village de la Thuille. — L'ennemi, après une vigoureuse résistance, a été forcé dans le vilage de la Thuille. Il a perdu 800 hommes dans cette action et nous lui avons fait 30 prisonniers.

2e *affaire :* A notre passage à Chambéry, le général Kellermann ayant senti l'importance du col du Mont, avait donné l'ordre de s'en emparer aussitôt que les neiges le permettraient. — Le général de brigade Voillot, chargé de cette expédition, partit la nuit du 22 au 23 floréal avec environ 2.000 hommes disposés sur 3 colonnes. Ce poste important fut attaqué et enlevé avec une bravoure inconcevable, malgré qu'il fût défendu par 3 étages de retranchements, 18 bouches à feu et une forte garnison. — Tous les magasins ont été pris intacts. On y a fait 205 prisonniers, parmi lesquels se trouvent 9 officiers et le major du régiment de Verceil qui commandait ce poste.

3e *affaire :* Le général piémontais, que la perte du col du Mont inquiétait, voulut faire une diversion sur le Mont-Saint-Bernard, et rendre par sa prise notre conquête de la veille infructueuse. Le 24 floréal, il s'y porta avec 2.500 hommes, divisés en plusieurs colonnes. Nos troupes républicaines les repoussèrent avec vigueur et les poursuivirent au pas de charge jusqu'à leur retranchement avec perte pour eux de 30 hommes et 24 prisonniers. (C'est ce jour-là même que l'hospice fut pris sous le feu des deux camps et que le recteur Nicolas Gontier dut l'évacuer.)

Nous avons à regretter dans les trois actions la perte d'environ 60 républicains.... Les bataillons qui ont pris part à ces trois affaires sont le 1er bataillon franc, le 1er bataillon de la Côte-d'Or, le 5e de Rhône-et-Loire et les 4e et 6e de l'Ain. Tous ont montré la plus grande bravoure.... etc. (P. 140.)

(*Mém. et Doc. Soc. Sav. Hist. et Arch. :* Jacques-Marie Dumaz. Ses trois campagnes en mission auprès des armées de la République ; par P. E. Dumaz ; t. 58, p. 74 à 167. Chambéry, 1918.)

# TABLE DES MATIÈRES

Chapitre Premier.



Chapitre II.



Chapitre III.



Chapitre IV.

Chapitre V.

IMPRIMERIES RÉUNIES DE CHAMBÉRY
3, Rue Lamartine. — 8785

www.ingramcontent.com/pod-product-compliance
Ingram Content Group UK Ltd.
Pitfield, Milton Keynes, MK11 3LW, UK
UKHW020251180726
13839UKWH00001B/289

9 782329 197517